德阳文庙与中华优秀传统文化教育丛书编委会

主　任：蔡绣鸿
副主任：赵　明　陈洪兴
成　员：王小红　李绍先　赵家蓉
　　　　彭　艳　吴新星　余文莉

德阳文庙与中华优秀传统文化教育丛书

孔子人生励志故事粹编

李绍先　王小红　编著

四川大学出版社

责任编辑：梁　平
责任校对：杜　彬
封面设计：璞信文化
责任印制：王　炜

图书在版编目(CIP)数据

孔子人生励志故事粹编 / 李绍先，王小红编著.
—成都：四川大学出版社，2017.3
ISBN 978-7-5690-0463-2

Ⅰ.①孔… Ⅱ.①李… ②王… Ⅲ.①孔丘（前551—前479）-生平事迹-青少年读物 Ⅳ.①B222.2-49

中国版本图书馆CIP数据核字（2017）第070352号

书名	孔子人生励志故事粹编
编　著	李绍先　王小红
出　版	四川大学出版社
地　址	成都市一环路南一段24号（610065）
发　行	四川大学出版社
书　号	ISBN 978-7-5690-0463-2
印　刷	郫县犀浦印刷厂
成品尺寸	148 mm×210 mm
印　张	5.375
字　数	144千字
版　次	2017年6月第1版
印　次	2017年6月第1次印刷
定　价	25.00元

◆读者邮购本书，请与本社发行科联系。
电话:(028)85408408/ (028)85401670/
(028)85408023　邮政编码:610065

◆本社图书如有印装质量问题，请寄回出版社调换。

◆网址:http://www.scupress.net

版权所有◆侵权必究

春风化雨　德润心灵

——《德阳文庙与中华优秀传统文化教育丛书》序

卢　也

文化是民族的血脉，是人民的精神家园。党的十八大以来，习近平总书记在一系列重要讲话中多次强调："中华优秀传统文化是中华民族的突出优势，是我们最深厚的文化软实力。"准确把握优秀传统文化的时代价值和中国梦的丰富内涵，从优秀传统文化中汲取实现中国梦的精神力量，不仅是推动文化传承创新的重要途径，也是培育和践行社会主义核心价值观，落实立德树人根本任务的重要基础。

德阳是古蜀之源、重装之都，历来明礼修文、崇德重教，"德孝文化"底蕴深厚，"绵竹年画"源远流长，"三星堆文化"作为长江文明之源更是受到世界瞩目。历年来，市委、市政府高度重视优秀传统文化的传承教育和创新发展，将公共文化设施作为传播弘扬的主平台，将学校作为先导示范的主阵地，将家庭作为落细落小的主渠道，不仅在推动优秀传统文化进教材、进课堂、进头脑上进行了积极探索，更是把文化融入城市建设的各个方面，赋予传统以崭新的活力。2015年，德阳文庙被中国孔庙保护协会授予"中华优秀传统文化教育实践基地"，成为中国西部唯一获此殊荣的文庙。

德阳市文广新局、德阳市博物馆会同有关专家学者组成编委会，策划编撰《德阳文庙与中华优秀传统文化教育丛书》，以德

阳文庙、传统文化为主题，粹选孔子及孔门圣贤故事，粹选传统文化、本土历史文化典型故事，着眼青少年，着眼传统文化与本土文化的普及推广，弘扬正能量，引领新风尚，是一件非常有意义的事，也是颇有价值的尝试！愿《德阳文庙与中华优秀传统文化教育丛书》的编撰，能够进一步发挥德阳文庙德育功能，对传承弘扬优秀传统文化，提升青少年文化素养，增进城市文化氛围，推动德阳文化大发展大繁荣有所裨益！

是为序！

2017 年新春于德阳

目录

孔子这一生		（1）
01	吾少也贱，多能鄙事	（12）
02	见贤思齐	（17）
03	顺事父母	（23）
04	问礼老子	（28）
05	谨言慎行	（33）
06	子欲养而亲不待	（38）
07	行己之道	（44）
08	近朱者赤，近墨者黑	（49）
09	学而不厌，诲人不倦	（54）
10	有教无类	（59）
11	玩物丧志	（63）
12	是可忍，孰不可忍也	（68）
13	心怀感恩	（72）
14	知之为知之，不知为不知	（78）
15	知礼而有勇	（83）
16	周急不济富	（88）
17	欲速则不达	（93）
18	过犹不及	（98）
19	君子求诸己，小人求诸人	（103）
20	己所不欲，勿施于人	（108）

21 饱食终日，无所用心……………………………（113）
22 处变不惊………………………………………（118）
23 真实的孔子……………………………………（122）
24 安守穷困………………………………………（126）
25 登泰山而小天下………………………………（131）
26 敬而无失，恭而有礼…………………………（136）
27 敏而好学，不耻下问…………………………（141）
28 谦逊，不夸耀…………………………………（146）
29 存亡祸福，皆己而已…………………………（152）
30 不学诗，无以言………………………………（157）
主要参考书目……………………………………（162）
后　记……………………………………………（163）

孔子这一生

孔子（前551—前479年），名丘，字仲尼，春秋末期鲁国陬（音zōu）邑（今山东曲阜东南）人。孔子是我国古代伟大的思想家，教育家，儒家学派创始人。

《史记》由西汉著名史学家司马迁编撰，是中国第一部纪传体通史，中国古代最著名的古典典籍之一。在记述孔子的文献资料中，司马迁《史记·孔子世家》堪称最完整、最权威。《史记·孔子世家》开篇有云：

孔子生鲁昌平乡陬邑。先①宋人也，曰孔防叔。防叔生伯夏，伯夏生叔梁纥。纥与颜氏女野合②而生孔子，祷③于尼丘得孔子。鲁襄公二十二年而孔子生。生而首上圩顶④，故因名曰丘云。字仲尼⑤，姓孔氏。

注 释

①先：祖先、先祖。
②野合：文献记载叔梁纥与颜氏女成婚时已70岁，而颜氏女岁数尚小，年龄相差悬殊，此种婚姻在当时不合礼仪，故谓野合。
③祷：祈祷，向神求福。
④圩顶：圩，音wéi，形容人头顶四周高，中间低，呈

"凹"字形。

⑤孔子名丘，字仲尼，孔子有异母兄名孟皮。

用白话解读，就是说：

孔子出生在今山东曲阜东南，他的祖先是宋国人，叫作孔防叔（孔防叔为孔氏自宋迁鲁的第一代），防叔生了伯夏，伯夏生了叔梁纥（音hé）。叔梁纥与颜姓女子"野合"而生孔子，据说是叔梁纥到尼丘山去向神明祈祷才怀上孔子的。鲁襄公二十二年（前551年）孔子诞生。孔子生下来头顶中间是凹下的，所以就给他取名叫丘。字叫仲尼，姓孔。

孔子这一生的事迹很多，《史记·孔子世家》洋洋洒洒近万言，详细记述了他的生平活动及各方面的成就，很清楚，而且重点突出。司马迁在记述孔子人生故事时，非常注重人物性格特征的描写，从而较全面地展现出了孔子的形象和精神风貌。

贵族出身

孔子祖籍河南商丘，孔子的祖先是商朝开国君主商汤的后代，是商朝的宗室，贵族出身。武王伐纣，建立周朝，为安抚商朝的贵族，封于亳（音bó），国号宋，即后来的宋国，所以孔子算是殷商的贵族后裔。

不过，历史发展到孔子的七世祖孔父嘉时，孔父嘉因为宫廷兵变而被杀。孔父嘉之子木金父逃到了鲁国，从此孔氏家族便成了鲁国人。

木金父生祈父睪夷，祈父生孔防叔，孔防叔生伯夏，伯夏生叔梁纥，叔梁纥就是孔子的父亲了。当时，叔梁纥只是鲁国宫廷一名地位不高的侍卫武士，所以孔子家族已经在政治倾轧、兵荒马乱当中败落了！

早年生活

孔子在 3 岁时就死了父亲。父亲死后，母亲颜征在失去依靠，为叔梁纥正妻施氏不容而被扫地出门。于是，颜征在带着孔子庶兄孟皮与孔子一起搬至曲阜阙里（音 què lǐ），过着清贫的生活。

因为早年丧父，家境衰落，孔子早年生活极为艰辛，所以他后来说："吾少也贱，故多能鄙事。"文献记载，19 岁时孔子就替鲁国贵族季孙氏做过文书、"委吏"（管理仓廪）、"乘田"（管理畜牧）一类的差事。

因为家贫，孔子读书很用功。阙里时期的孔子常将祭祀用的礼器"俎豆"（音 zǔ dòu，古代祭祀用的两种器皿）摆设起来，练习行礼演礼，作为一种游戏。稍长就已经很懂事，15 岁即"志于学"，很崇拜西周时期制礼作乐的周公。当时读书人应当学的"六艺"，也就是礼节、音乐、射箭、驾车、书写、计算，他都比较精通。到 20 岁时，他就已经以"博学好礼"闻名了。鲜为人知的是，孔子还遗传了父亲叔梁纥的英武，身高九尺六寸（今 1.9 米以上），而且臂力过人。

17 岁时，母亲去世，孔子在多方打听当年父亲的安葬地之后，最后把母亲迁去防山和父亲合葬在一起。

19 岁时，孔子娶宋人亓官氏为妻，第二年亓官氏生子（孔鲤）。

23 岁时孔子开始在乡间收徒讲学，学生有颜路（颜回之父）、曾点、冉耕等。

孔子"三十而立"，授徒讲学已经小有规模。凡带上一点

3

"束脩"（音 shù xiū，脩：古时称干肉。束脩之礼，泛指古代学生给教师的见面礼物），都收为学生，如子路、冉有、子贡、颜渊等。连鲁国大夫孟僖子的儿子孟懿子和南宫敬叔都来学礼，可见孔子办学已闻名遐迩。

政治生涯

孔子政治思想的核心是"礼"与"仁"，在政治上主张"为政以德"，用道德和礼教来治理国家。孔子的仁说，体现了人道精神；孔子的礼说，则体现了礼制精神。

孔子一生都有着极高的政治热情，即使在遭到打击、排斥、嘲讽甚至围困的时候，仍然初心不改。为了宣传自己的政治主张，他不辞劳苦，带领弟子周游列国，奔走游说。

孔子自 20 多岁起，就想走仕途，所以对天下大事非常关注，对治理国家的诸种问题经常进行思考，也常发表一些独到的见解。鲁昭公二十年（前 522 年），齐景公出访鲁国时就曾召见了 30 岁的孔子，与他讨论秦穆公称霸的问题。

鲁昭公二十五年（前 517 年）时，鲁国发生内乱，鲁昭公被迫逃往齐国，孔子也离开鲁国到了齐国，受到齐景公的赏识和厚待。齐景公甚至曾准备封赏孔子，但被大夫晏婴阻止。后来因齐国有人想加害孔子，孔子只好逃回鲁国。

当时的鲁国，政权实际掌握在卿大夫的手中，因此孔子虽有过几次从政机会，但是都放弃了。直到鲁定公九年（前 501 年）被任命为中都宰（类似县长），孔子的政治生涯才得以展开，时年孔子 51 岁。

在鲁国，孔子从政做官前后四年，这期间他干了不少事。在《孔子》影片中，对孔子这段政治人生有很多表现。因其卓有政绩，很快得到鲁君重用，提升为鲁司空（管理营建的长官）、鲁司寇（管理司法的长官），摄相事，鲁国大治。

鲁定公十二年（前498年），孔子为削弱三桓（掌握鲁国政权的季孙氏、叔孙氏、孟孙氏三家世卿），拆毁三桓所建城堡等。孔子与三桓的矛盾激化。次年，齐国送80名美女到鲁国，季桓氏接受了女乐，君臣迷恋歌舞，多日不理朝政，孔子非常失望。不得已，孔子怀着极其沉重的心情离开鲁国，到其他国家去寻找出路。这一年，孔子55岁。

孔子周游列国，所到之处，也用心极力宣扬自己的学说与政治主张。东奔西走14年，多次遇到危险，甚至险些丧命。晚年虽被鲁国迎回，但鲁终不用孔子。

周游列国

孔子与弟子们周游列国前后14年，堪称壮举！14年间，栖栖惶惶、饱尝艰辛，是孔子这一生最不得意、最艰难的日子。不过孔子人生的精彩、人生的意志、人格的魅力，也在这14间得到酣畅淋漓的表现，所以人们说"孔子人生的重要阶段在路上！"

卫国，是孔子周游列国的第一站。一者是卫灵公的友好，二者卫国的大夫蘧（音 qú）伯玉是孔子的好朋友。在卫国，卫灵公待孔子不错，给他的俸禄跟鲁国给他的一样，可是却有人在卫灵公面前进谗言。

孔子在卫国不能够发挥自己的才能，于是就带着门生走了，打算上陈国去。他们路过一个叫匡的地方，因为一个叫阳虎（也叫阳货，鲁国当权者季孙氏家臣）的曾经欺压过匡人，可巧孔子的相貌有点像阳虎，所以匡人把孔子当作阳虎给包围起来。后来才知道是弄错了，卫灵公也派人赶来把孔子请了回去。

这之后，孔子离开卫国打算去曹国，可不得已又跑到宋国去。到了宋国地界，孔子在一棵大树底下和弟子门生研究学问。

5

宋国有个挺得宠的臣子，怕国君重用孔子，对他不利，就想办法要把孔子轰走。宋国人倒挺能够顾全面子，先给孔子一个警告：他们把那棵大树砍倒了。孔子没办法，只好离开宋国，上郑国去。

就在这期间，孔子与他的门生们失散了，子贡等弟子着急得不行，一番周折之后，师徒相见，相拥而泣，着实感人！

后来孔子又去了陈国，而且一待就是三年。当时晋国和楚国争夺陈国，紧接着吴国又来攻打，孔子打算还是回到卫国去。兵荒马乱中孔子在卫国的蒲城再一次被困，进退两难。幸亏蒲城有个勇士叫公良孺，是孔子的门生，带着人马前来保护老师。

当时，卫灵公有心强大卫国，一听说孔子又回来了，挺高兴地欢迎孔子。他抱着一肚子的希望向孔子讨教操练兵马和打仗的计策。孔子知道卫国问题复杂，也不便多言。卫灵公死后，卫国君臣争斗、政局混乱，孔子只好离开，一路往南，去了陈国、蔡国。

陈国和蔡国本就与楚国不和，所以楚昭王听说孔子过陈、蔡，就赶紧派人去请他。而陈、蔡两国见楚人来请孔子，就发兵把孔子给围住。孔门弟子以少数人抵抗着多数人，保护着老师。孔子被围在里头，三天三夜没吃没喝。他就饿着肚子弹弹琴，解解闷气。面对困境，孔子非常沉着冷静，有时候还给门生讲书，同时派子贡到楚国去联系。

到了第四天，楚国的兵马总算赶到了，把孔子他们接到了楚国。

在楚国，楚昭王待孔子也不错，本来打算封给他一块土地，因有人反对而作罢。后来孔子知道楚国不能用他，就决定还是回到卫国或者鲁国。

鲁哀公七年（前488年），鲁国与吴国举行缯城（今山东苍山县境）会议，鲁国被迫给吴国送去重礼，幸亏临时借用子贡去交涉，才未受辱。次年，吴国又攻鲁国，孔子弟子有若立功。当政的季康子认为孔门弟子确实是有用之才，于是派人到卫国请回冉有。冉有为季康子带兵与齐国作战获胜，季康子问冉有从何处学来的军旅战术，冉有说是学自孔子。于是，季康子决定召回孔子。

鲁哀公十一年（前484年），这一年孔子68岁，结束了长达14年的漂泊，回到了鲁国。

教育实践

孔子作为世界十大文化名人之一，毕生最大的贡献之一是办教育，对中国古代文化的传播起了很大的作用。

孔子这一生由教育始，又以教育终，从政做官4年，"周游列国"历时14年，大部分时间是在讲学。他是政治上的失意者，但却是教育上的成功者。孔子晚年回鲁，专注于教育事业，出现了"弟子弥众，至自远方，莫不受业焉"的局面。

孔子是我国教育史上私人授徒讲学的第一人。在他之前，学在官府，文化教育由官府垄断。春秋以来，随着一些诸侯国的强盛，对土地、财富、权利的要求日益增长，社会各阶层对文化教育的需求也日益增长；随着周王朝大一统政治的土崩瓦解，官府垄断教育的局面也被打破。孔子兴办私学，广收门徒，把教育对象扩大到了平民，把文化知识传播到民间，这在我国教育史上实在是个创举。

孔子收徒讲学始于30岁之前。30至35岁，孔子兴办私学已经颇具影响。此后无论是在鲁从政，还是在周游列国途中，抑或是晚年返鲁，都没有停止过聚徒讲学。据《史记·仲尼弟子列传》记载，孔子前后收的学生达3000多人，其中著名的有72人。在春秋末年的教育大变革中，无疑孔子所办私学是影响最大

的，也是最富有成效的。

孔子是中国历史上最伟大的教育家，被誉为"万世师表"！其教育思想极其丰富，在教育方法上，孔子也有很多好的方法，至今仍值得我们借鉴，比如：

（1）因材施教，循循善诱；

（2）启发诱导，不搞满堂灌（"不愤不启，不悱不发"）；

（3）联系实际，因事而教，不讲空洞的大道理；

（4）教学相长。

孔子兴办私学，打破了旧贵族对知识的垄断，促进了文化知识的普及。而且其丰富的教育思想和一整套教学方法，对中国古代的教育产生了重大影响。

整理"六经"

孔子毕生最大的贡献之二就是整理以"六经"为代表的文化典籍，保存古代文化典籍，奠定了中国封建社会传统政治的理论基础。

所谓"六经"，是指诗、书、礼、乐、易、春秋六部著作。

孔子晚年返鲁，专心于古书典籍的整理。在中国文化史上，"六经"之所以能够成为中国古代传统文化的核心内容，与孔子整理"六经"密不可分。

1. 删《诗》

《诗》又称《诗经》，我国最早的一部诗歌总集，作品上起西周初年，下至春秋中期。关于孔子删《诗》，本书第30篇"不学诗，无以言"有介绍，此略。

2. 序《书经》

《书》，即《尚书》，又称《书经》，是我国现存最早的古典文献，是关于夏商等王朝的历史档案汇编。孔子"序《书经》"，实际上就是对《尚书》进行整理。

3. 缀周之礼

《礼》即后来的《仪礼》，是周代礼仪的详细记录，共十七篇。孔子"缀周之礼"，意思是把周代残留的礼采缀成书。

4. 作《乐》

《乐》是隶属于周王室司后的音乐作品。文献说孔子作乐，使雅、颂各得其所。但因《乐经》已失传，故无法知道其原貌。

5. 作《易传》

《易》，即《周易》，又称《易经》，是一本占巫的书。孔子作《易传》，就是对《易经》的注释，因共有十篇，因此又称《十翼》。

6. 作《春秋》

《春秋》是鲁国的编年史书，记述了鲁隐公6年（前722年）到鲁哀公十四年（前481年），共12代君主，240多年间发生的事情。孔子从大量历史资料中，粹取春秋时期错综复杂的史事，编著了《春秋》。

晚景凄凉

孔子一生命运多舛！周游列国之后回到曲阜，斯时伟人已经是暮年。当其时，鲁虽以"国老"待之，然终不能用孔子，孔子晚景凄凉，不如意的事接二连三，他喜欢的学生，他的亲人一个个先他死去……

68岁，当孔子周游列国归来时，19岁就嫁给他并与他一起历经人生忧患的亓夫人在两年前已经病逝。孔子与夫人结婚近50年，因心系事业，聚少离多、长期分居，永诀之时竟未能见

最后一面，可谓终身遗憾！

69岁时，孔子的儿子鲤也死了。孔鲤是被人射死的，死时年仅50岁。历史上孔鲤虽不出色，但他的儿子孔伋（子思）却是一个人才，子思不仅是《中庸》的作者，而且还是孟子的老师。

古人把幼年丧父、中年丧妻、老年丧子称为人生三大不幸，孔子均遭遇了。命运待他，实在残酷。少年孤苦，中年漂泊，晚年鳏居，一生主张爱敬孝悌、家庭和睦的孔子，并没有享受到多少天伦之乐。

孔子71岁时，年仅41岁的爱徒颜回死了。孔门弟子中，颜回无论是学问、德行、处世，都得孔子之真传，颜回死后，孔子的道统也将无人继承，所以孔子去吊丧时，万分悲恸，哀叹："唉！老天要亡我呀，老天要亡我！"

孔子72岁时，又传来了子路遇难于卫国政变的噩耗。混战中，子路的帽缨被砍断，他竟然置性命于不顾，当场把砍断的帽缨系好，以保持"君子死，冠不免"的风度，结果被剁成肉酱。

孔子很了解子路的刚正迂直，所以，当他一听说卫国发生政变，立刻有不祥的预感。凶信传来，孔子不禁在院子里哭了起来。当别人告诉孔子子路惨死的情形，孔子悲痛万分，赶紧叫人把屋子里吃的酱盖上，以免见了产生痛苦残酷的联想。

孔门弟子中，子路最年长，颜回最年幼，他们同为孔子所钟爱。这两位高徒，都先孔子亡故，孔子因此哀伤之至，其余弟子看在眼里，心里都觉难过。

就在子路死于卫国的前一年，鲁哀公打猎狩获一只麒麟，次年便发生了子路死事，孔子隐约有一种不祥的预感，因此辍简废业，《春秋》之作因而绝笔。

73岁时，临死之前，孔子可能知道大限已至，据说子贡（端木赐，复姓端木，字子贡）来探望老师，孔子便愀然叹息道：

"赐啊！你为何来得这样迟呢？我因为有事要告诉你，已等候好一会了！赐啊！我近夜常做不祥的梦，大概是将要死了。"子贡赶紧宽言安慰。其他弟子陆续来到，大家对老师安慰有加。孔子站起，"负手曳杖，逍遥于门"，吟唱了圣人最后一支歌：

泰山其颓乎！梁木其坏乎！哲人其萎乎！

孔子人生的绝唱，叫《曳（音 yè）杖歌》，《礼记》《孔子家语》及《史记》等书都有记载。圣人倒背着手（负手），手杖在背后拖着（曳杖），来到门口。《曳杖歌》大意是：

泰山快要崩塌了么？
屋梁快要断裂了么？
哲人快要死去了么？

唱着唱着，孔子泪流满面！
七天后，孔子逝世，终年73岁。
孔子死后，被葬于曲阜城北的泗水岸边，弟子们为他守丧3年。子贡在墓旁修筑草庐，足足守了6年。
孔子逝世后第二年，鲁哀公在鲁国陬邑孔子生前居所立庙3间，这也是中国第一所祭孔的专庙。鲁哀公下令祭祀孔子，并称孔子为尼父，首开帝王祭孔封谥的先例。

01 吾少也贱，多能鄙事

原文

太宰①问于子贡曰："夫子圣者与？何其多能也？"子贡曰："固天纵②之将圣，又多能也。"子闻之，曰："太宰知我乎？吾少也贱，故多能鄙事③。君子多乎哉？不多也。"（《论语·子罕》）

注释

①太宰：官名，掌握国君宫廷事务。
②纵：让，使，不加限量。
③鄙事：卑贱的事情。

白话解读

《论语》是儒家学派的经典著作之一，由孔门弟子及其再传弟子编撰而成，共二十篇，记录了孔子及其弟子言行，集中体现了孔子的政治主张、伦理道德观念及教育思想等，与《孟子》《大学》《中庸》合称"四书"。

子罕是春秋时期宋国的一位贤臣。《论语·子罕》篇共31

01 吾少也贱，多能鄙事

章，主要涉及孔子的道德教育思想。著名的文句有"后生可畏""三军可夺帅，匹夫不可夺志也""岁寒，然后知松柏之后凋也"等。本章大意是：

掌管宫廷事务的太宰曾经好奇地问子贡："难道你们的先生是圣人吗？为何这样多才多艺？"子贡告诉对方："天意要玉成我们先生成为圣人，就赐予他一些非凡的能力。"

孔子听说此事后，不以为然地说："太宰哪里知道我孔子哦！我年少时身份低下，所以会干不少粗活儿，能够做很多平淡的事情。这些技艺对于一个君子是太多了吗？不多哦！"

孔子的少年生活是比较悲苦的，他出生后不久，父亲叔梁纥就去世了，当时因为他年纪太小，没有记住父亲墓葬的具体位置。稍长，其母颜征在也离开人世，孔子便成了孤苦伶仃的孤儿。

扫地出门

父母去世后，孔子迫于生计，不得不早早出来谋生，干的都是一些繁琐具体的杂役，比如曾经为季氏做"委吏"（管粮仓）、"乘田"（管畜牧）一类的杂役等，都是一些谋生"鄙事"。

"鄙"字古意内容极为丰富，并不是今天讲的"卑鄙"（人格低下、举止不端、品性恶劣）的意思。"吾少也贱，故多能鄙事"，这里的"鄙"字，是个形容词，是鄙俚（音 bǐ lǐ，乡土的、朴实的）、鄙朴之意。

孔子是个非常真实的人，从来不讳言自己的出身，而且强调自己的能力源自于小时候的底层历练，这种诚实非常可贵。

背景故事

孔子是伟大的思想家、政治家和教育家，是儒家学说鼻祖，天下宗师。可是他的童年坎坷，苦难悲惨。

一是孔子的出生："野合而生。"

文献记载，孔子先世，本来是宋国贵族，后来从宋国逃到了鲁国。到孔子父亲叔梁纥（叔梁为姓，纥为名）时，家道已经衰落，叔梁大人先娶施氏，生了九女而无一子，后来妾诞生一子孟皮，但有足疾。在当时的情况下，女子和残疾的儿子都是不宜继嗣的。叔梁纥晚年（70岁左右）时与年轻女子颜征在（18岁）生下孔子（字仲尼）。

因颜征在出身贫寒，加之古代有男性64岁以后不宜再娶的礼俗。叔梁家族不认可这门婚姻，也不接受孔子的母亲。所以，司马迁《史记》说"野合而生孔子"。不管怎么说叔梁纥和颜征在都是在不合礼俗的情况下生下了孔子，其幼小时就让人指指点点，冷嘲热讽，处境可想而知。

二是孔子的童年：孤儿寡母、家境贫寒。

孔子3岁时，父亲离世。孔家是个大家，大户人家是非多，正妻、二房、偏房，一大拨人住在一起，其中的关系错综复杂。后来孔子母子不为施氏所容而被扫地出门，颜征在只好携孔子与孟皮移居曲阜阙里（位于曲阜城内孔庙东侧，即阙里街一带）生活。孔子开始了母子相依为命、孤苦伶仃的童年生活！

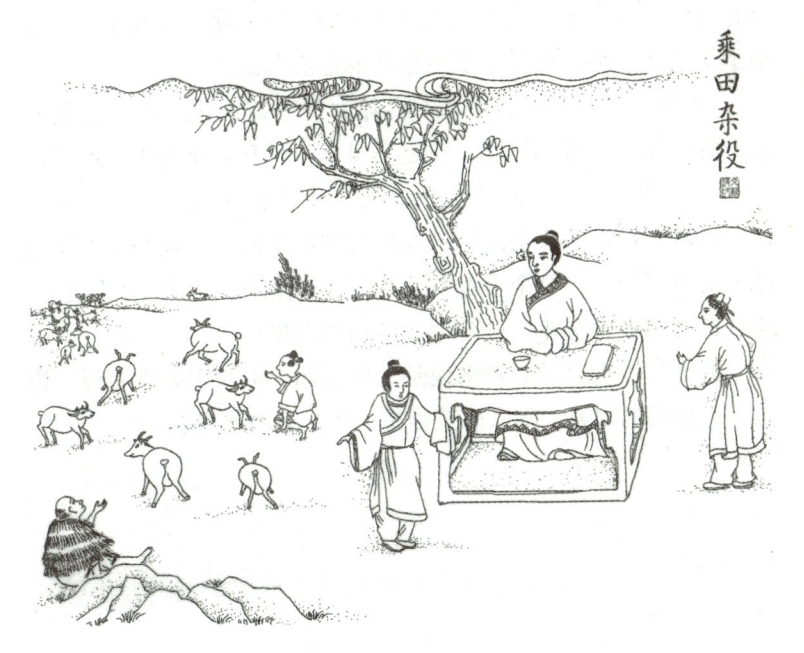

乘田杂役

"吾少也贱，多故能鄙事"，孔子年幼生活艰难、辛酸。正所谓"穷人的孩子早当家"，孤儿寡母相依为命，孔子从小就很懂事，"十有五而志于学"。17岁，年轻的母亲积劳成疾不幸去世，苦命的孔子又遭受一次致命的打击。

三是孔子的形象：身高"九尺六寸"。

孔子的形象可能真的有点奇特，民间传说他的头顶下陷而四周隆起像尼丘山。再就是司马迁在《史记》里说孔子身高"九尺有六寸"，因为古今尺寸计算差异，有人推算孔子身高为1.9米以上，就是在今天，身形高大、长相奇特也会引人注目。

感 悟

孔子的童年，苦难悲惨，真可谓是时运不济、命途多舛，不过它并没有给孔子的童年成长留下阴影，反而使少年孔子更早懂得了生活之不易，更坚定了对生活的信心和决心。

《孟子》有一句名言："天将降大任于斯人也，必先苦其心志，劳其筋骨，饿其体肤，空乏其身，行拂乱其所为也，所以动心忍性，曾益其所不能。"是啊，古今中外很多伟人，哪一个又是一帆风顺地走向成功的呢？在失败和不幸面前，他们无不是选择了发愤图强，一个个奋起与人生的逆境抗争，做生活的强者，通过自己的艰苦奋斗，最终迈向成功的彼岸！

苦难与挫折对于弱者来说是无底深渊，但对于强者来说，则是一笔难得的财富，所以说苦难是人生最好的老师！

02　见贤思齐

原　文

子曰："见贤思齐①焉，见不贤而内自省②也。"（《论语·里仁》）

注　释

①齐：看齐、平等。
②自省：自我反省。

白话解读

《论语·里仁》篇共26章，内容涉及义与利关系、个人道德修养、孝敬父母等问题。著名的文句有"富与贵，是人之所欲也；不以其道得之，不处也""君子喻于义，小人喻于利""父母在，不远游，游必有方""君子欲讷于言而敏于行""德不孤，必有邻"等。本章大意是：

孔子说："见到贤人，就应该向他们学习、看齐；见到不贤的人，就应该自我反省（自己有没有与他相类似的错误）。"

孔子语句中的"贤",指德才兼备的人;"齐",就是要心存敬意,向圣贤看齐、向圣贤学习的意思。

孔子一生坎坷。少小"贫且贱(地位很低)",3岁丧父,17岁丧母,生活很苦。磨难之中的孔子很懂事,所谓"十有五而志于学",不仅喜爱读书,而且矢志不渝,终身持之以恒。孔子一生好学、乐学,提倡"见贤思齐""择善而从",堪称"学而不厌""见贤思齐"之楷模。

所谓圣人无常师,30岁之前,是孔子一生学术造诣与思想形成的关键时期,也是求师问道最频繁时期。比如游学雒邑问礼老子、跟商瞿子学易、学于郯子、学乐于苌弘、学琴于师襄子等等。

关于孔子游学雒邑问礼老子,本书后面有专门介绍。

学于郯子

02 见贤思齐

郯国系黄帝之子少昊氏后裔封国，依附于鲁国。历史上的郯子名气颇大，一者他是郯国之君，二者郯子很有才华，而且仁孝至德，是中国历史上著名的大孝子（历史上"二十四孝"中"鹿乳奉亲"说的就是郯子）。孔子学于郯子，主要是向郯子虚心请教少昊时代职官制度、典籍、历史等情况。

关于孔子跟师襄子学琴，据先秦及秦汉文献所记，时间大约是在孔子29岁时。大意是说：

孔子向鲁国的乐官师襄子学弹琴，一连十天都没有进展。师襄子说："可以学进一步的内容了。"

孔子说："我已学会了乐曲的形式，但节奏内容还不了解。"

过了一些时候，师襄子又说："你已学会了曲子的节奏内容，可以学再进一步的内容了。"孔子说："我还没领会乐曲的情感意蕴。"

又过了一些时候，师襄子又说："你已领会了乐曲的情感意蕴，可以学更进一步的内容了。"孔子说："乐曲中那个人我还体认不出呢！"

再过一段时间，孔子一副安详虔敬、有所深思的样子，随后又心旷神怡地抬头仰望，显出志向高远的样子。他说："我体认出曲中的这个人啦！他的样子黑黑的，个子高高的，眼光是那样的明亮。像个统治四方诸侯的王者，这不是文王又有谁还能够如此呢！"

师襄子离开座位很恭敬地说："我的老师对我说过，这就是文王的琴曲啊！"

背景知识

西周及春秋战国，礼乐制度在各诸侯宫廷中广泛地推行，音乐艺术很兴盛，因而造就了一大批司掌各种乐器的乐工、乐师。

他们除弹琴、奏乐供贵族们享乐之外，主要是在各种典礼仪式中演奏，其中地位最高者的名字前常冠以"师"字。如晋国的师旷、鲁国的师襄子、郑国的师融，都是乐师、音律名家。他们的后代，便以祖上的技艺职业为姓，今天中国的"师"姓人，大多是这些音乐家的后裔。

师襄子在历史上之所以有名，是因为他曾经是孔子的音乐老师。

文献记载：师襄是春秋时鲁国乐官，擅击磬，也称击磬襄。也有一说是卫国乐官，亦称师襄子。据说因为诸侯争霸，"礼崩乐坏"，师襄子不满于此，放弃了乐官地位，跑到海边另谋生路去了。除此之外，文献中关于师襄子的事迹记载极少。

师襄子的父亲也是一位乐官，是当时一位著名的琴学家。据说他想把琴艺传给儿子，但好动成性的师襄子一直无法安于弹琴，如此荒废了不少时间。直到有一天，师襄子忽然找出了弹不好琴的原因，原来他的双眼在弹琴的时候不停地东看西看，影响心神专致。于是他下定决心断除这个毛病，狠心地把自己的双眼刺瞎了，开始专心学琴，终于学成绝代琴艺。

春秋战国时期，古琴的独奏音乐已具有一定的艺术表现能力，如伯牙弹琴子期善听的传说。师襄子就是当时有名的琴师，所以司马迁《史记》说他"以击磬为官，然能于琴"，后世古琴形制中有"师襄式"，传说就是由师襄子定型的。

琴、棋、书、画是中国自古以来谦谦君子必须掌握的四种技艺，古琴是古代君子必备的乐器，为四艺之首。

自古以来，关于琴和弹琴人的故事，多是益人心智的传奇故事。古琴的意义，远远超越了音乐，成了整个中国文化和理想人格的象征。古代文献中所记载的著名古琴和琴曲，其名称往往来自汉语中最雅致的词汇。

"乐"，是孔子教育的主要内容之一，历史上的孔夫子不仅是

02 见贤思齐

古代的一位圣哲,也是当时第一流的音乐家、琴学家。孔子有很好的音乐素养,既能演奏,如鼓琴、击磬、鼓瑟,又能歌咏,《诗经》三百零五篇,"孔子皆弦歌之"!

学琴师襄

感 悟

儒家提倡修身齐家治国平天下,强调修身的基础性和终身性。《论语》中讲到的话不少,比如"见贤思齐焉,见不贤而内自省也"。

"见贤思齐"既是孔子修身的指南针,也充分体现了孔子修身的重要思想。一是开放包容。"海纳百川,有容乃大",修身的内容和对象很开放。二是修无止境。不管到何境界,修德立人,没有完成时,永远是进行时。

"见贤思齐",这句话指明了两条修身路径:"思齐"之路和

"自省"之路。既向正面的贤者榜样学习看齐,也注意反面教材的警示作用,不重蹈他人覆辙。

我们也可时常扪心自问,遇到贤人思齐乎?遇到不贤自省乎?

03　顺事父母

原　文

子曰："事父母几谏①，见志不从，又敬不违②，劳③而不怨。"（《论语·里仁》）

注　释

①几谏：几，音 jī，轻微、婉转的意思；谏，音 jiàn，规劝、劝谏之意。
②又敬不违：仍然恭敬不触犯他们
③劳：忧愁、烦劳的意思。

白话读解

本章大意是：

孔子说：侍奉父母的过程中，看到父母有不对的地方，要委婉地劝说。如果父母不采纳你的意见，还是要对他们恭恭敬敬，以诚恳的态度反复请求。若能再三规劝，明智的父母还是会接

受的。

孝道，堪称中华传统文化的核心价值观。孝，指儿女对待父母的态度，以及不应该违背父母长辈的行为，是一种稳定伦常关系的表现。

《礼记》中也说："父母有过，谏而不逆。"意思是说：父母有了过错，要婉言劝谏他们，不要忤逆他们。

见父母有过错而不加以劝阻，是陷父母于不义之中，自己也是不义；劝阻而不恭敬委婉，是不孝；劝阻不听而大吼大叫冒犯父母，甚至心生怨恨，那就是大逆不道的行为了。

中国传统文化中，父母恩情为第一亲，历史上，不能够违逆父母、孝顺父母的名人故事有很多。比如后来的唐太宗李世民，他年轻时天下大乱，他常陪同父亲李渊一起打仗。一次，李渊决定连夜拔营，攻打另外一个地方。李世民从各方面分析后，认为敌方可能有埋伏，此举难以成功，就再三劝阻父亲。

父亲不采纳他的建议。眼见整个军队就要拔营了，李世民就在军帐外面号啕大哭。李渊见儿子哭得那么伤心，静下思考，感觉儿子的分析有道理又比较中肯，于是及时停止了进攻行动。

所以，对于父母的错误，子女应想方设法温和劝谏，若能这样，父母很可能为之动容。如此，既保全了父母的面子、名声，也尽了自己孝顺的本分。

中国历史上著名的"二十四孝"故事，其中孝顺父母的感人故事也是很多。当然，"二十四孝"故事也是精华与糟粕并存，比如发生在四川德阳孝泉的"涌泉跃鲤"故事：姜家人本来过得十分幸福和睦，但后来姜诗的姑姑从中挑拨离间，姜母听信了谣言，硬逼着儿子姜诗休了媳妇庞三春。姜诗遵循了母亲的意愿，顺母休妻，将庞三春逐出家门之事，显然就是"愚孝""愚顺"！

孝顺父母，不只是"孝"，另一个"顺"字也重要。不能违背、顶撞、对抗父母，硬让父母按照你的意见行事；当然，我们也不能够无原则地去迎合父母、无原则地"顺应"父母。

因此，"顺事父母"，要情理兼顾，做得恰到好处！

背景故事 >>

孟母三迁、断机教子，历史上孟母教子的故事，早已经人所皆知。然而孔子母亲颜征在教子的故事，却鲜为人知。

据《孔子家语》记载，颜氏家虽不如孔父系圣王后裔，也算是读书人家。所以孔子母子搬家到曲阜阙里居住之后，生活虽然相当贫苦，征母还是把她父亲家的书籍搬到自己的"新家"，选了一间简陋的房子用来给小孔丘念书用。据说颜母先收了五个小孩子，在自己家教发蒙的书，得到每位学生家的学资，五斗小米和一担干柴，足以养活母子两人。

征在教孩子们习字、算数和唱歌三门功课，同时也教孩子们

学习礼节和礼仪。孔丘不到六岁就开始跟班学习,后来,征在又收了几个小学生,小孔丘成为母亲的小帮手,以尽辅导之力。孔母的苦心栽培和细心教育,使得不到十岁的小孔丘,已经学完全部蒙学功课,养成了一生好学的良好习惯。有了孔母的这一段家教生涯,自己也帮助别人学习的经历,对孔子以后办私学影响很大。

征在教子

按照当时的规矩,童子十岁就要请外傅(别的老师)。孔母关闭了她的学堂,把小孔丘送到城内最好的学堂,学习诗歌、典籍等功课,即被后世称为诗、书、礼、乐的内容。当时学堂称为庠(音 xiáng,古代学校名),属于官办学府,集中了鲁国最优秀的老师。因颜氏家族与鲁国国君是同宗关系,孔子仍以一个贵族子弟的身份,在学堂里接受贵族式教育。孔子从小除在家得到了母亲的言传身教外,还得到了颜氏宗亲的支持,也得到鲁国姬氏大族的照顾。

孔子与颜氏家族，因为母亲的缘故，也保持相当亲密的关系。孔子早期弟子中的颜路，后来的七十二贤之中颜回、颜幸、颜祖、颜高、颜之仆、颜哙、颜何等，都是颜氏家族的成员。

孔子在其 17 岁时，其母颜征在病逝，据说因母生前未曾告诉父墓所在，后来问于邹人曼父之母，才知道父亲葬于防山，然后使父母得以合葬。

比起孟母教子的故事来，孔母教子的故事，虽然少了些典范的神韵，更多的是平淡，但是年轻守寡、择良定居、亲临授教、外傅佳堂，成就了中国最伟大的教育家、思想家，一代圣人的身后，站着一位伟大的母亲！

感 悟 >>

百事孝为先，现实生活中，孝敬容易孝顺难！

常言道"家庭不是个讲理的地方，而是讲情的地方"，不是不讲理，只是强调家庭成员间，特别是子女与父母之间言行相左时，我们不能太"较真"，硬得要争个是非曲直、你输我赢。为人子女，要软化自己的性情、学会包容。现实生活中，包容、宽容，会使亲情变得更深厚，会使友情变得更亲近，会使社会变得更和谐。包容心、宽容心，乃是人性的美德，也应该是青少年朋友最需要的品德与修为。

人非圣贤，孰能无过，更何况两代人观念与认知标准不一。所以，当父母老了，说话做事有过错时子女要及时、适时地对他们进行劝谏，但在劝谏的过程中要注意说话的语气、说话的方式。

04　问礼老子

原文

孔子适①周，将问礼于老子。老子曰："子②所言者，其人与骨皆已朽矣，独其言在耳。且君子得其时则驾③，不得其时则蓬累而行④。吾闻之，良贾深藏若虚⑤，君子盛德，容貌若愚。去子之骄气与多欲，态色与淫志⑥，是皆无益于子之身。吾所以告子，若是而已。"（《史记·老子韩非列传》）

注释

①适：往，到，去。
②子：古时对男子的尊称。
③时：机会，时运。驾：坐车，引申为外出去做官。
④蓬累而行：像飞蓬飘转流徙而行，转停皆不由己。
⑤贾：商人，古代指坐商。深藏若虚：隐藏其货，不让别人知道，比喻有真才实学的人，不露锋芒。
⑥态色：情态神色。淫志：过大志向。淫，过分。

04　问礼老子

白话解读 >>

公元前518年，孔子34岁。当时孔夫子从山东曲阜来到了东周洛阳城，此行的目的，就是"问礼于老子"。今天洛阳老城东关外铜驼街的北边，据说就是当年老子的故居"老子祠"，祠前竖有一石碑，刻有十个"孔子入周问礼停车于此"大字。

两千多年前的东周时期，孔子和老子，这两位中国历史上最伟大，同时也是最重要的思想家在洛邑（今洛阳）曾有过一次见面。

孔子在东都洛邑考察期间，因要阅读周王室藏书，必须拜会周王室管理文典的史官老子。据说孔子第四次拜访，才见到老子。本段所记大意是：

孔子专门向老子请教礼，老子说："你所说的礼，制定它的人和骨头都已经腐朽了，只有他们的言论还在。况且一个君子时运来了就出去做官，生不逢时，就像蓬草一样随风飘转。我听说，善于经商的人总是要把货物隐藏起来，不让别人看见，好像什么东西也没有；具有高尚品德的君子，他的容貌谦虚得像愚钝的人。除掉您的骄气和过多的欲望，抛弃您做作的神态表情和过高的志向，这些对于您自身都是没有好处的。我能告诉您的，就是这些而已。"

孔子与老子是中国历史上两位伟大的思想巨人。在人生观上，相比于老子的智慧、超然、洒脱，孔子的"明知不可为而为之""士不可不弘毅"，不能不说是一种人生的悲壮！现实之中，孔子出身于没落贵族家庭，少时贫且贱，故一心渴望进入仕途，有所作为，立志"克己复礼"；终其一生，其政治追求虽然屡屡

受挫，然而孔子与儒学人文所代表的担当与责任，却是我们这个民族文化中最为可贵的一种精神。与孔子不同，老子出身贵族，深谙兴衰存亡之道，主张顺其自然、无为而治、超然物外、清虚自守。

问礼老子

背景知识

老子（约前571—前471年），姓李名耳，字聃（音dān），春秋时期陈国苦县（今河南省鹿邑县）人，道家的创始人。老子与后世的庄子并称老庄。

老子是中国古代伟大的思想家、哲学家，道家学派创始人，被唐朝帝王追认为李姓始祖。老子乃世界文化名人，世界百位历史名人之一，存世有《道德经》。《道德经》以"道"解释宇宙万物的演化，认为"道"乃自然之本，因而"人法地，地法天，天法道，道法自然"。老子思想包括大量的朴素辩证法观点，如以为一切事物均具有正反两面，"反者道之动"；并能由对立而转化，"祸兮福之所倚，福兮祸之所伏"。又以为世间事物均为"有"与"无"之统一，"有无相生"等。

老子认为"大道自然"，主张顺应自然、无为而治、不言之教。其理想的政治境界是"邻国相望，鸡犬之声相闻，民至老死不相往来"。

老子生活在春秋时期，曾在东周国都洛邑任守藏史（相当于图书馆馆长）。他博学多才，据说晚年乘青牛西去，并在函谷关（今河南灵宝市）前写成了五千言的《道德经》（又名《老子》），最后不知所终。

据《太平广记》记载：老子皮色黄白，眉毛很美，额头宽阔，耳朵很长，眼睛很大，牙齿稀疏，四方大口嘴唇很厚。他的额头有十五道皱纹，额角两端似有日月的形状。他鼻子很端正，有两根鼻骨，耳朵上有三个耳孔。他一步可跨一丈，双手上有十道贵人的纹路。

老子被尊为"中国哲学之父"，美国《纽约时报》将其评为世界古今十大作家之首。老子的思想被庄子所传承，并与儒家和后来的佛家思想一起构成了中国传统思想文化的基本，对中国思想文化发展具有深刻影响。道教出现后，老子被尊为"太上老君"，被尊为神仙。

在中国历史上，两位伟人的"巨人之会"其实有过数次交际，但究竟有几次，古今述异，比如《史记》中记述了两次，《庄子》中则记了五处。今天的学者对此问题也众说纷纭！

感 悟

在今天泉州城，有一组题名叫"问礼老子"的雕塑作品，画

面很有意思,孔子很谦恭地弯着腰,好像是要向老子求教什么,而老子则很傲慢地骑在一头牛的背上,看那神态好像对孔子爱答不理的……

据说后来,回想起当年与老子的"洛邑之会",孔子对弟子说:"我的学问之所以有长进,就是因为得到了老子的教诲。"孔子向老子学礼的精神值得现代人学习。也正因为具备了这种谦恭好学的良好习惯,孔子才成了中国最伟大的文化圣人。

子曰:"三人行,必有我师焉!"青少年朋友在学习过程中肯定会遇到疑惑不解的地方,此时,要用谦恭的态度向他人求教!

05 谨言慎行

原 文

子张①学干禄②，子曰："多闻阙③疑④，慎言其余，则寡尤⑤；多见阙殆，慎行其余，则寡悔。言寡尤，行寡悔，禄在其中矣。"（《论语·为政》）

注 释

①子张：姓颛孙名师，字子张，孔子的学生。
②干禄：干，求的意思。禄，即古代官吏的俸禄。干禄就是求取官职。
③阙：缺，此处意为放置在一旁。
④疑：怀疑。
⑤寡尤：寡，少的意思。尤，过错。

白话解读

子张，是春秋末陈国阳城（今河南登封）人，出身颇为微贱。历史上的子张虽然曾经学"干禄"，但毕生并未从政，而是以教授终生。

《论语·为政》篇共24章,主要内容涉及孔子为政以德的思想、学习与思考的关系,以及对孝、悌等道德范畴的进一步阐述。著名的句子有"为政以德""温故而知新""学而不思则罔,思而不学则殆""知之为知之,不知为不知""人而无信,不知其可也"等。本章大意是:

子张要学谋取官职的办法。孔子告诫说:"要多听,有怀疑的地方先放在一旁不说,其余有把握的,也要谨慎地说出来,这样就可以少犯错误;要多看,有怀疑的地方先放在一旁不做,其余有把握的,也要谨慎地去做,就能减少后悔。说话少过失,做事少后悔,官职俸禄就在这里了。"

从子张问"干禄"及孔子对弟子"谨言慎行"的谆谆告诫,我们想到了《孔子家语》中记载的"三缄其口"故事。

孔子游东周,除了"问礼老子",考察"礼乐之源"外,还游览了王城内的殿堂社观,参观了举行国家大典的明堂、祭祀周祖先后稷的太庙和祈祷天地的神坛等。在太庙右边台阶之前,有一座青铜人像。青铜人像的嘴巴上了三道锁("三缄其口"),在铜人像背面刻有一段铭文,大意是:

这是古代非常谨慎的人。大家要警诫啊!不要多说,多说的往往多败;不要多事,多事的每每多患。即使生活在安乐的环境中,也一定要戒慎。只有这样,才不至于有后悔之事。不要说没有什么损伤,那引起的祸患将要深长;不要说没有什么损害,那引起的祸患将要继续扩大;不要说上天听不到,天神正在观察着你呢!火刚冒烟的时候,你不去扑灭它,到了火势很大的时候,又怎么办呢?水还是细流的时候,不去堵塞它,那么最后就要扩大成为大江大河的;细微的线缕,如果不去撅断它,有的就可能被织成大的网；最小的幼苗，如果不去拔除它，将来就非用斧头不可啊。

读完铭文，孔子告诫弟子说：要记住，祸从口出！《诗经》中说："恐惧戒慎，好像下到无底的深渊，生怕跌了下去一样；好像踩在薄薄的冰块上，生怕陷了进去一样。"这样去要求自己，难道还怕嘴巴会招来祸害吗？

背景知识

孔子一生经历颇丰，阅人无数，因而深知与人说话的种种讲究，曾经把与人谈话时最容易犯的三个错误叫作"三愆"（音 qiān）。

1. "言未及之而言，谓之躁"

此话意思是说，根据对时间、地点、条件的分析，本不当说的话你说了，是犯了"躁"的毛病。犯了这种毛病，在历史上引来杀身之祸的不在少数。杨修耍小聪明，凭借曹操在饭桌上抛鸡肋，回去与夏侯惇说撤兵，结果引来涣散军心的罪名而被曹操杀掉了。杨修的杀身之祸，就是"躁"，就是"太聪明"引来的悲剧。

2. "言及之而不言，谓之隐"

说话到应当说的时候而不说，叫作隐。话当说而不说，就会错过时机，铸成大错。在历史上，陈平见到刘邦对韩信送来申请做假齐王的奏章拍案而起，马上对刘邦说："今天我们的形势不利，没有能力禁止韩信自立为王，不如就立他为王，与他亲善，稳定他的心，使他守卫好赵、燕、齐三国，不然很可能产生更严重的变化。"刘邦听了，马上转怒为"喜"，并封韩信为齐王，结果避免了刘、韩的分裂，为刘邦统一天下解决了一次大的危机。

3. "未见颜色而言，谓之瞽"

瞽，音 gǔ，盲人。"未见颜色而言，谓之瞽"，就是说：没有察言观色了解接受信息一方的心态就说话，这叫没有眼力，没有见地。没有眼力，没有见地就是瞽。历史上有名的变法家商鞅，初来到秦国时，由于景监（秦国的一位副将）的举荐见到了秦孝公，但第一次谈"论帝业"，语未及终，孝公就睡着了，没有得到秦孝公的重用；在景监的再次举荐下，又见到秦孝公，第二次谈"论王道"，结果秦孝公说：古今事异，所言未适于用。又没得到重用，为什么呢？因为他不了解秦孝公的心态。经过两次谈话，商鞅了解了秦孝公的心态，眼力由瞽变明。第三次见到秦孝公谈"霸业"，正中秦孝公的心怀，因此得到重用，官拜左庶长治理国政，为秦国的改革、创业、统一中国奠定了基础。

感 悟

语言是人际交往的工具，也是一个人内在品德修养的表现。然而，人们知道言语能够彰显自己的德行，却不知道谨慎言行，才是培育德行的关键所在。

俗话说：祸从口出。古往今来，因言坏事者比比皆是。孔子一生阅历颇丰，因而深知与人说话的种种讲究，他对弟子的"三愆"忠告，我们不可不谨记啊！

06　子欲养而亲不待

原　文

子曰："弟子①入则孝，出则弟②，谨而信，汎③爱众，而亲仁。行有余力④，则以学文⑤。"（《论语·学而》）

注　释

①弟子：这里泛指儿女、学生。
②入、出：在家、在外。孝、弟：孝顺父母，友爱兄弟。
③谨：谨慎。汎，音fàn，同泛，广泛的意思。
④行有余力：能做好以上几点而又有多余的能力和时间。
⑤学文：学习文化，主要有易、诗、书、礼、乐等文化知识。

白话解读

《论语·学而》篇是《论语》第一篇，共16章，内容主要涉及仁、孝、信等道德问题，以及"礼之用，和为贵"等问题。著名的文句有"学而时习之，不亦说乎？有朋自远方来，不亦乐乎？""吾日三省吾身""夫子温、良、恭、俭、让以得之""礼之用，和为贵"等。本章大意是说：

孔子说："弟子们在家里，就孝顺父母；出门在外，要像别人的弟弟一样尊敬顺应别人。言行要谨慎，要诚实守信用。要广泛地去爱众人，亲近那些有仁德的人。这样躬行实践之后，还有余力的话，就再去学习文化知识。"

孝道，是孔子思想的一大主题，一部《论语》，"孝"字共出现近20次。孔子认为"孝"是一个人的根本，认为为人子女，应该时刻把父母放在心上，对待父母要做到"养且敬"等，这些朋友们应该都清楚。我们认为，《孔子家语》中"丘吾子"故事所表达的"孝道"主张倒是需要强调的。

丘吾子之悲

丘吾子（约前591—前521年）又称丘吾，春秋齐国人，齐国大臣。丘吾子是中国历史上"丘"氏的第一人，少年好学，后来周遍游天下。因为是历史上著名的孝子，所以后世多以丘吾为孝子的代称。

鲁昭公二十五年（前517年），孔子约35岁，鲁国发生内乱，随鲁昭公被迫逃往齐国。据《孔子家语》记载：

孔子在前往齐国的路上，突然遇到一个不寻常的人，身上挂着镰刀，系着白带，在那里哭得非常悲哀。

于是孔子下车，上前问道："先生，请问您是什么人呢？"

那人回答："我叫丘吾子。"

孔子问："您现在并不是服丧的时候，为何会哭得这样悲伤呢？"

丘吾子哽咽地说道："我此生有三个过失，可惜到了晚年才觉悟到，但已经是追悔莫及了。"

丘吾子悲痛地说："我年轻时喜欢学习，可等我到处寻师访友，周游各国回来后，我的父母却已经死了，这是我第一大过失；在壮年时，我侍奉齐国君王，然君王却骄傲奢侈，丧失民心，我未能尽到为人臣的职责，这是我第二大过失；我生平很重视友谊，可如今朋友间却离散断绝了，这是我第三大过失。"

丘吾子又仰天悲叹道："树木想要静下来，可是风却刮个不停；儿子想要奉养父母，父母却不在了。过去了永远不会再回来的，是年龄啊；再也不能见到的，是父母啊！就让我从此辞谢这个人世吧！"说罢，丘吾子便投水自尽了。

孔子很感叹地对弟子们说："你们应记着此事，可得好好借鉴啊！"

背景故事

在儒家看来，孝顺父母，敬爱兄长，是行仁德之基本。"君子务本，本立而道生。"就是说：君子只要抓住"孝"这个根本，人与人之间的伦理道德就产生出来了。孔子一生，身体力行"孝道"教育，所以孔门多孝子，在中国著名的"二十四孝"中，孔门孝亲故事就占了三个。

1. 曾参啮指痛心

曾子（前505—前435年），姓曾，名参，字子舆，生于鲁国武城（今山东省西北武城县），孔门弟子。少年时家贫，常入山打柴。有一天，家里来了客人，母亲不知所措，就用牙咬自己的手指。曾参忽然觉得心疼，知道母亲在呼唤自己，便背着柴迅速返回家中，跪问缘故。母亲说："有客人忽然到来，我咬手指盼你回来。"于是曾参接见客人，以礼相待。

孔子门弟子中，曾子颇得孔子真传，以大孝著称，有所谓"孝经传曾"之说。曾子学识渊博，不仅提出"吾日三省吾身"的修养方法，他还著述有《大学》《孝经》等儒家经典，而且是孔伋（子思）的老师，后世儒家尊他为"宗圣"。

2. 子路负米

仲由（前542—前480年），字子路，又字季路，春秋末鲁国卞（今山东省平邑县）人。子路是孔子的得意弟子，性格直率勇敢，十分孝顺。早年家中贫穷，自己常常采野菜做饭食，从百里之外负米回家侍奉双亲。父母死后，他做了大官，奉命到楚国去，随从的车马有百乘之众，所积的粮食有万钟之多。但他常常怀念双亲，慨叹说："即使我想吃野菜，为父母亲去负米，哪里能有机会呢？"孔子赞扬说："你侍奉父母，可以说是生时尽力，死后思念哪！"

子路负米

3. 闵损芦衣顺母

闵子骞（前536—前487年），名损，字子骞，春秋末期鲁国费（今山东费县）人，孔子高徒，在孔门中以德行与颜回并称，为七十二贤人之一。他生母早死，父亲娶了后妻，又生了两个儿子。继母经常虐待他，冬天，继母给两个弟弟穿着用棉花做的冬衣，却给他穿用芦花做的"棉衣"。一天，父亲出门，闵损牵车时因寒冷打颤，将绳子掉落地上，遭到父亲的斥责和鞭打，芦花随着打破的衣缝飞了出来，父亲方知闵损受到虐待。父亲返回家，要休逐后妻。闵损跪求父亲饶恕继母，说："留下母亲只是我一个人受冷，休了母亲三个孩子都要挨冻。"父亲十分感动，就依了他。继母听说，悔恨知错，从此对待他如亲子。

感 悟

"树欲静而风不停,子欲养而亲不待"(《韩诗外传》),行孝可一定要及时!

当我们因为求学离家在外,之后又因为工作,又或因为成家、养育子女种种原因,无法抽空回到家看望父母时,却忘了父母已经一年比一年更加衰老了。

父母随着年龄的增长,生活上会有越来越多的不便,此时,正是需要我们在身边照顾的时候。

时光易逝,在我们还有机会尽孝时,切莫要再等待,丘吾子之悲,我们真的应该好好体会啊!

07 行己之道

原文

孔篾①问行己之道。

子曰:"知而弗为②,莫如勿知;亲而弗信,莫如勿亲;乐之方至,乐而勿骄;患之将至,思而勿忧。"

孔篾曰:"行己乎?"

子曰:"攻其所不能,补其所不备。毋以其所不能疑人,毋以其所能骄人。终日③言,无遗④己之忧,终日行,不遗己患。唯智者有之。"(《孔子家语》)

注释

①孔篾:篾音 miè,孔篾本名孔忠,字子篾,孔子同父异母的哥哥孟皮之子。

②弗为:不肯去做。

③终日:整天。

④遗:留下。

07 行己之道

白话解读

《孔子家语》现存十卷,是一本记述孔子和孔门弟子言行、思想的著作,最早著录于《汉书》,其内容是自汉朝以前到汉朝早期不断编纂而成,后来三国魏人王肃对其进行整理。《孔子家语》本段大意:

孔子的侄儿孔篾,有一次向孔子请教自我修养的方法。

孔子说:"知道了却不肯去做,不如不知道;亲近人而不信任他,不如不亲近;欢乐的时候,不要欢乐得过分;忧患的事将要发生时,要考虑清楚而不要忧伤。"

孔篾问:"修身的方法就是这样吗?"

孔子说:"要学习自己所不能的,要补充自己不足的,不要因为自己不能,就怀疑别人;也不要拿自己能的,在别人面前显耀。说了一整天,不要给自己留下忧患;做了一整天,不要给自己留下祸难。唯有智慧之人,才能这样。"

孔子一生对于君子修养问题,有过许多精彩论说,比如孔子讲:"君子不重则不威;学则不固。主忠信,无友不如己者,过则勿惮改。"就是说:

君子首先得懂得自重,自重才能赢来别人的敬重。被他人敬重了自然就有威信。君子自重来自于学识渊博,见解深刻,变色龙一类城府太深的当然不能称之为君子。

君子要以忠厚诚信谦恭为本。老老实实做事,谦恭有礼做人。人们常说的"厚德载物"就有这个意思。

君子要认识到"取长补短"。人人皆有自身特长,取他人长处补自己短处。君子应该知错就改。金无足赤,人无完人。

孔子人生
励志故事粹编

　　人生在世,无论贵为帝王将相,还是普通百姓,一生中最重要的事就是修身养性,然后将所学落实在待人、处事、接物之中,也才谈得上事业与人生!

背景故事

　　据文献记载,孔子还有个同父异母的哥哥,叫孟皮,孟皮身有残疾。孟皮去世后,孔子将哥哥葬在防山父母的墓旁。

　　孔篾既是孔子的侄儿,又是孔子的弟子。后来孔篾和孔子另外一个学生宓子贱在鲁国做了县官,孔子还专门找时间到他们的任所去看望,询问二人做官以后的感悟、得失,谆谆告诫二人要珍惜机会,要有做官的好心态!

　　孔子对哥哥孟皮一家的生活也十分关心,帮助孟皮的儿子孔篾识字读书。孔篾在孔子悉心教诲下,成长为德才兼优的学者,做过邾国宰邑。孔子还将自己的优秀学生南宫适介绍给孟皮之女为婿。在孔子悉心帮助下,孟皮一家生活得和谐又温馨。

孔子一生极看重亲情。孔子先祖为春秋宋国人,其祖居地在今天商丘市夏邑县城北,据说孔子的祖坟仍在此地。宋国,是孔子的祭祖之地、学礼之地和娶妻之地。

孔子的出生地在山东曲阜,河南夏邑是孔氏家族的发源地,所以孔子成人以后时常回祖籍祭祖省亲。孔子周游列国时,曾经在宋国(今商丘)停留了很长时间,还曾在商丘管辖过的老子故里夏邑见过老子。夏邑堪为孔子第二故乡。

史书记载说历史上孔子曾经多次还乡,人们为纪念他祀先省墓,在夏邑建了"孔子还乡祠"。

夏邑孔子还乡祠,始建于唐初,坐北朝南,有一壁、一坛、两殿、四门及碑林等。宋真宗时,孔子四十五代孙孔良辅、孔彦辅由曲阜到此定居,对孔子还乡祠进行修复扩建。金代,又立杏坛碑于大成殿之前。清道光元年(1821年),增建崇圣祠。科举时代,每临

科考，总有许多殷殷学子前来叩拜，以祈得到文曲保佑。可惜，孔子还乡祠在"文化大革命"时期全部被毁。在当地，许多群众都知道夏邑县过去有个还乡祠，不少人都能说出一两个孔子的故事来。

今天商丘的"孔子还乡祠"位于商丘市夏邑县城北6公里的王公楼村，占地50亩，系改革开放以后地方政府按旧制逐步修建的。其形制仿文庙之制，坐北朝南，沿中轴线依次排列，左右两侧基本呈对称式，整个建筑有一壁、四门、一坛、两庑、碑林、两殿、一厅。

进大门，只有一进院落，看去一览无余。一条甬路中间，立着一尊高大的孔子铜像，是1988年由香港孔教学院汤恩佳先生捐赠的。铜像后面，是金碧辉煌庑殿式建筑大成殿。

在还乡祠的大成殿里面有孔子许多列祖列宗塑像，是供奉孔子"老祖宗"的地方。据文献记载，孔子先世大致为：宋尽公—弗父何—宋父周—世子胜—正考父—孔父嘉（名嘉，字孔父）—木金父—睪夷（字祈父）—孔防叔—伯夏—叔梁纥—孔子。

感 悟

孔老夫子教导侄子修身之"行己之道"，就是说：明白了道理就应当好好做到，否则很可能成为"记问之学"（意思是只会记诵书本知识，解决不了实际问题的学问），反易傲慢；而假如亲近一个人，又不信任他，怀疑猜忌，还不如不亲近。乐而不节制，遇到忧愁又被困扰，均是大众易犯的毛病，长期如此，心中经常冰火两重天，自处不暇，又怎能笃定坦然面对生活呢？

君子言为世则，行为世范。真心希望青少年朋友成为一个有智慧的人，其实我们的智慧就在学习与力行圣贤教诲中开启，当认真、踏实和努力地遵从古圣先贤和明师的教导，好好运用时，智慧也就在我们的生活中了。

08　近朱者赤，近墨者黑

原　文

孔子曰："吾死之后，则商也日益，赐也日损。"①
曾子曰："何谓也？"
子曰："商也好与贤己者②处，赐也好说③不若己者。不知其子，视④其父；不知其人，视其友；不知其君，视其所使；不知其地，视其草木。故曰：与善人居，如入芝兰之室，久而不闻其香，即与之化⑤矣。与不善人居，如入鲍鱼之肆⑥，久而不闻其臭，亦与之化矣。丹之所藏者赤，漆之所藏者黑，是以君子必慎其所与处者焉。"（《孔子家语》）

注　释

①商、赐：孔子弟子子夏、子贡的字。
②贤己者：比自己贤良的人。
③说：谈论。
④视：看，比照。
⑤化：融和，影响。
⑥鲍鱼之肆：卖咸鱼的店铺。

白话解读

《孔子家语》本段大意是说：

孔子说："我死了以后，子夏的学问会越来越好，子贡的学问却会退步。"

曾子心中疑惑，问："为什么呢？"

孔子道："子夏喜欢与比他贤德的人在一起，而子贡却喜欢与不如自己的人在一起。不了解他的儿子，可以看看他的父亲；不了解一个人，可以看他所交往的朋友；不了解君主，可看他所任用的人；不了解一个地方的土质如何，看那儿长出的草木状况便可知道。所以说，跟善人一起，就像到了长满香花草的房子里，时间久了之后，也不觉得香了，因为已经与它同化。而跟不善的人一起，就如同走入出售鲍鱼的店里，时间久了，也不觉得臭了，因为也被它同化了。朱砂放的地方，往往会变成红色；而贮藏漆的地方，就变成了黑色。因此，君子必然谨慎地选择与自己在一起的人啊！"

在《孟子》中就明确讲道："故近朱者赤，近墨者黑；声和则响清，形正则影直。""近朱者赤，近墨者黑"，是一个非常有名的典故。一个人如果长期处于不良的社会环境，久而久之，必然会受到不良环境的影响，即近墨者黑。

其实孔子、孟子的本意还是在说明周围环境对人的影响的重要性，从而说明国君应注意自己身边所用亲信的考查和选择。

背景故事

"近朱者赤，近墨者黑"，这句话说明环境对人的成长至关重要！实际上，古人很早就注意到了这一点，这方面的经典案例、历史故事也很多。除了流传很广的"孟母三迁""择邻而居"的故事外，还有天文学家张衡交友的历史故事，也可谓家喻户晓！

据说张衡在青年时期对日月星辰充满兴趣，进而激发了努力探索天文奥秘的决心。渴求知识的张衡总是感到自己知识的不足，不满17岁时，他辞别父母独自一人到外地访师求学。在古都长安，他游览了当地的名胜古迹，考察了周围的山川形胜、物产风俗和世态人情。在当时的京都洛阳，他结识了不少有学问的朋友，其中有一个叫崔瑗。崔瑗精通天文、数学、历法，还是很有名气的书法家。张衡经常同他交换心得，在天文、物理等方面

都受崔瑗的影响。

再就是西晋时的大臣傅玄，他是个颇有成就，而且品学兼优的人，为人正派，很受皇帝尊重，被请来做太子的教师（太子太傅）。

当时皇太子府里的属员很多，有宫女、太监以及一大批为太子办事的官吏。许多人百般讨好太子，阿谀逢迎，陪着太子玩耍，太子要怎么样便怎么样。在这样的环境下，是很难学好的，而这些人的品格又不高。为此，傅玄很忧虑。

有一天，傅玄给太子讲课的时候，讲道：

傅玄教太子

如果想做一个好人，做一个好皇帝，那么，你就一定要多接近正派人。譬如：什么事物常接近朱砂，就会被它染红；多接近墨水，就会被它染黑。对自己则一定要要求严格，行为要端正，这样，周围的人才会跟你一样，正派人才会围绕到你身边来。譬如：声音清亮，回声就一定和美；自己站得直，影子就一定正。如果你多接近正人君子，那么符合德义的话就听得多，自己的行为就会逐渐符合规范准则。但是，倘若你多接近小人、坏人，那就譬如进入卖鲍鱼的店一样，时间久了，你就闻不到兰花蕙花的芳香了。

感 悟

《弟子规》也云："能亲仁，无限好。德日进，过日少。不亲仁，无限害。小人近，百事坏。"同样也是告诉我们，亲近仁德之人，亲近良师益友，可以提高我们的道德学问。而与不善之人相处，便会受到影响，损伤道德。

现实的学习生活中，与什么样的人交往交际，对你的一生都很重要。正所谓"与君子交友，犹如身披月光；与小人交友，犹如身进毒蛇"。我们要交善良积极向上的朋友，这样我们就可以互相学习，相互促进；结交好友，可以从好友身上获得人格的魅力、道德的感召与思想的升华。

青少年的思想还未成熟，容易受到各种错误思想影响。我们应该注意周围环境，远离种种不良风气。"近朱者赤，近墨者黑。"这是千百年来流传的一句古训，也是人们从生活实践中得出的经验之谈哦！

09 学而不厌，诲人不倦

原 文

子曰："默而识①之，学而不厌，诲②人不倦，何有于我哉③？"（《论语·述而》）

注 释

①识：音zhì，记住的意思。
②诲：教诲。
③何有于我哉：对我有什么难呢？

白话解读

《论语·述而》篇共38章，主要是孔子的教育思想和对学习的态度，以及对仁德等重要道德范畴的进一步阐释。本篇著名的文句有"学而不厌，诲人不倦""发愤忘食，乐以忘忧，不知老之将至""三人行必有我师"等。本章大意是：

孔子说：默默地牢记所学的知识，勤奋学习不厌烦，教诲别人不厌倦。对于我来说，除了这些还有什么呢？

09　学而不厌，诲人不倦

学习是一个日积月累的过程，也是一个需要静下心来默默坚持的过程。所以要想学习好，第一步是自己要能静下心来。现实生活中，"学而不厌"的关键，是要培养起自己对学习的兴趣。"诲人不倦"，是指我们在教导别人的时候不感到疲倦，怎样才能做到这一点呢？同样离不开一个兴趣。当然，要做到诲人不倦，有爱心和耐心，也很重要。

需要指出的是能够"学而不厌"的人未必就值得称赞，还要看他学的是什么东西，学成以后是否对自己、对社会有用。

实际上，"诲人不倦"是要以"学而不厌"为基础的。历史上孔子以好学著称，所以他对弟子"诲人不倦"，不仅没有让人产生反感，而是感觉温暖、感受到"教学相长"的师生平等观念！

背景故事

孔子一生的绝大部分时间都在教书,堪称"万世师表"。"学而不厌,诲人不倦",是孔子作为伟大的思想家和教育家,对中华民族延续几千年的师德精神的最好概括,也是孔子仁爱主张在教育实践中的体现。

孔子在讲学中,都要下很深的功夫,可以说是呕心沥血、用心良苦。所以,弟子都发自内心的崇敬,他们始终追随、侍奉老师四处奔波,周游列国,备受艰辛与饥饿而毫无怨言。孔子逝世,弟子们如丧考妣,皆在坟周服丧三年。子贡独守六年,其尊师重道精神,至今仍传为佳话。后人尊孔子为"至圣先师",可谓是当之无愧!

孔子去世以后,弟子们不但经常谈起老师的思想、道德、遭遇,还常常清晰地回忆起老师的待人与处事。比如孔子很注意举止仪表、待人接物,事事处处做到有礼有节,言行适度,举止文雅。他在衣食住行方面也养成了一些好习惯。例如,和乡下人一块饮酒,饮完酒以后总是让年长者先离开,然后自己才退出来。吃着饭的时候,不和别人交谈;临睡之前,不高谈阔论。

再比如孔子喜欢唱歌,但是遇到人家办丧事的时候,这一天他就不再唱歌了。他看见盲人、穿孝服的人,即使对方年轻,也一定站起来;在路上碰到也赶快迎上前去。《论语·卫灵公》篇有这样一个故事:一天,有个盲人乐师叫师冕的来见孔子。孔子赶紧迎上去。师冕走到台阶边的时候,孔子就告诉他:"这是台阶。"当走到席子边的时候,孔子就告诉他:"这是席子。"等乐师坐下以后,孔子又向他一一介绍屋子里的人。之后子张问老师:"这样不是太麻烦吗?"孔子回答说:"接待盲人就应该这样。"

09 学而不厌，诲人不倦

搀扶盲人

　　孔子与残疾人的故事告诉我们，与残疾人相处的时候，要尽量站在残疾人的角度来思考问题，而且残疾人比健全人更需要尊重。

　　还有孔子的一个学生因事被捕，进了监狱。孔子并没有嫌弃他，认为"他虽然进了监狱，但并不是他的罪过"，后来，孔子还是把自己的女儿嫁给了他。

　　孔子很喜欢结交朋友，就是和自己意见不同、作风不同的人也不肯轻易绝交。他和原壤的交往就是如此。原壤是鲁国人，孔子早年的朋友，为人狂放，不拘礼节，思想作风和孔子很不同。可是孔子和他相处得很好，直到老年仍保持着密切交往。孔子给人的印象是谦和的，可是他对于认为应该做的事，便坚决地去做，百折不挠。他说："看见道义上该做的事而不去做，这就是没有勇气。"

感 悟

教师是一个特殊的职业，担负着塑造人、培育人、引导人的重任，既非常崇高，又非常辛苦。作为一名教师，要具备的师德基础是什么呢？孔子作了很好的论述："学而不厌，诲人不倦。"孔子希望通过教育培养人才，来实现自己的政治理想和抱负，因此全身心地投入到教书育人中去。

梁启超先生在《少年中国说》一文中曾提出"少年智则国智，少年富则国富，少年强则国强，少年独立则国独立，少年自由则国自由，少年进步则国进步。少年胜于欧洲，则国胜于欧洲；少年雄于地球，则国雄于地球"，青少年是国家的未来与希望，青少年时期是学习知识，不断提高素质，掌握服务社会的本领的黄金岁月，"学而不厌，诲人不倦"所体现的品德与精神也是青少年朋友所需要的。

10 有教无类

原文

子曰：有教无类①。(《论语·卫灵公》)

注释

①无类：没有如贵贱、贫富、智愚、善恶之类的分别。

白话解读

卫灵公，春秋时卫国的第 28 代国君，是一个曾被卫人寄予厚望，一度有所作为的国君。《论语·卫灵公》篇共 42 章，内容涉及孔子的教育思想和"君子小人"观等。著名文句有"杀身以成仁""人无远虑，必有近忧""君子求诸己，小人求诸人""己所不欲，勿施于人""小不忍则乱大谋""当仁不让""道不同，不相为谋"等。本章大意是：

孔子说："人人都可以接受教育，不分族类。"

这里的"族类"，是泛指，意思就是说，教育没有类的差别，

所有的人不论贫富、贵贱、善恶、智愚，都可以接受教育。

实际上，理解"有教无类"，不应只是从教育的角度来理解，而是指践行"圣人之道"，在上层建筑领域，当然也包括一般所理解的教育。按现代的术语，还包括法律、舆论、行政、宗教、学术、艺术等一切的上层建筑领域。只有这样的理解，才算真正明白何谓"有教无类"。

不管对"有教无类"有什么不同理解，然而它是对教育特权的革命，即不管什么人都可以受到教育的主张是肯定的。

作为"万世师表""世界十大文化名人"之首的孔子，不仅是春秋末期的思想家和教育家、儒家思想的创始人，还是中国私学的开创者。孔子的教育思想在教育对象、教学内容和培养目标等方面都有自己的独特性。孔子的私学教育，反映了当时学在官府的局面开始被打破，文化教育下移的社会现实。所以，我们说，孔子是中国古代伟大的教育家，开创了中国古代私学的先例，奠定了中国传统教育的基本思想。

夫子行教图

10　有教无类

背景知识

春秋末期，奴隶制经济基础动摇，礼乐崩坏，是一个社会变革、新旧制度转型的大变动时代。与此同时，社会的政治经济和文化教育都在不断下移，学在官府，只有奴隶主贵族才可以享受教育的特权被打破。

孔子正是抓住了这一机会，开始了其创办私学的教育生涯，希望通过兴办教育来培养"贤才"和官吏，以实现其政治理想。

孔子是中国历史上第一个伟大的教育家，他"有教无类"、广收门徒，号称弟子三千，达者七十二，为继承、发展和传播中国古代文化做出了突出的贡献。他的教育思想博大精深，直到今天仍然闪耀着智慧的光辉。

孔子一生的教育实践活动集中在三个时期：

（1）在孔子"三十而立"后，大约在他30~35岁期间。

（2）孔子于鲁昭公二十七年（前515年）自齐返鲁之后到仕鲁之前，也就是他37~50岁期间。这一时期，孔子的教育思想、教育事业有了很大的发展，弟子遍及齐、鲁、楚、晋、秦、陈、吴各地，同时名声越来越大，引起全社会的广泛注意。

（3）孔子晚年，结束长达14年的流浪生活后，自卫返鲁，从他68岁到73岁去世，孔子进行了他最后5年的教育活动。这期间他删定"六经"作为教材，使教学经验进一步系统化，最终形成了完整的教育理论体系。

孔子作为中国文化史上的"万世师表"，其教育思想极其丰富，对教育的作用、教育的内容、教学方法等都有很多论述。在教育的对象问题上，孔子明确提出了"有教无类"思想，主张不分贵族与平民，不分国界与华夷，只要有心向学，都可以入学受教。

在孔子的私学实践中，他的学生从国别看，有鲁、卫、齐、

陈、晋、宋、吴、蔡、秦、燕等十余个诸侯国，其中以鲁国最多。不仅打破了当时的国界，也打破了当时的夷夏之分，比如吸收了被中原人视为"蛮夷之邦"的楚国人公孙龙和秦商入学等。

从出身的阶级阶层而言，孔门弟子中各阶级、阶层都有，有贵族、商人、平民、野人、贱人、鄙人，甚至"大盗"。有来自贵族阶层的，如南宫敬叔、司马牛、孟懿子等；但更多的是来自平民家庭的，如颜回、曾参、闵子骞、仲弓、子路、子张、子夏、公冶长等。从年龄上看，差别也很大。大者与孔子年岁相差无几，如秦商、冉伯牛；小者比孔子小三五十岁，如颜回、子张、公孙龙、颜刻等。

从所从事的职业而言，孔门弟子也是五花八门，子贡是卫国商人，颜涿聚当过强盗，子张是做马匹交易的经纪人。有人问子贡："孔子的学生怎么这么杂？"子贡回答："老师自身很端正，想来的人都不拒绝，想走的也不阻止，所以很杂。"而"杂"正体现了"有教无类"的办学思想。

由于孔子生前非常注重教育，并取得了极大的成就，因此，从孔子去世后第二年开始，孔子就不断受到祭奠和追封。孔子的封号从汉平帝时的褒成宣尼公逐渐提升到唐玄宗时的文宣王，以及清顺治时的大成至圣之师文宣王，在中国乃至世界上享有崇高的地位。

感 悟

"有教无类"的教育实践，就是教育面前人人平等的时代主张。孔子"有教无类"的教育主张以及开放性的办学实践，满足了贫民受教育的愿望，扩大了教育的社会基础，适应了社会发展的需要，打破了贵族对学校教育的垄断，对于全体社会成员素质的提高无疑起到了积极的推动作用。因此，孔子"有教无类"的思想在教育发展史上具有划时代的意义。

11　玩物丧志

原　文

子曰："臧文仲①居蔡②，山节藻棁③，何如其知也？"（《论语·公冶长》）

注　释

①臧文仲：姓臧孙名辰，"文"是他的谥号。因不遵守周礼，被孔子指责为"不仁""不智"。

②蔡：古蔡地在今河南省上蔡县一带，蔡地以产龟著名，所以把大龟叫作蔡。

③山节藻棁：节，柱上的斗拱。棁，音 zhuō，房梁上的短柱。把斗拱雕成山形，在棁上绘以水草花纹。这是古时装饰天子宗庙的做法。

白话解读

公冶长，姓公冶名长，齐国人，孔子的弟子。《论语·公冶长》篇共28章，内容以谈论仁德问题为主，著名的句子有"朽木不可雕也，粪土之墙不可圬也""听其言而观其行""敏而好

学,不耻下问""三思而后行"等。本章大意是:

臧文仲藏龟

孔子说:"臧文仲藏了一只大龟,藏龟的屋子用斗拱雕成山的形状,短柱上画以水草花纹,这样一个人怎么能算是有智慧呢?"

臧文仲,早于孔子一百年多年前鲁国大夫,历事鲁庄公、闵公、僖公、文公四君。其博学广知而不拘常礼,思想较为开明进步,对鲁国的发展曾经起过积极的作用。所以在当时被人们称为"智者",评价颇高。

然而孔子不以为然,孔子说:人们都以为臧文仲很有智慧,但有智慧的人一定明白道理,不会迷惑,我举一个他的例子来说吧。鲁国有一种大龟，是用来占卜用的，但是它只能用来指示某些预兆，并不能决定人事的祸福。臧文仲却在屋中供奉它，还将柱头斗拱上都刻上山形，梁上的短柱，都画上水草，就好像大乌龟住在里面，就能降福于人一样，这岂不是太愚昧了吗？臧文仲不去关心民众，反而去亵渎鬼神，不明白神仙的道理，被祸福的说法所迷惑，这简直就是太不明智了！

孔子认为臧文仲不遵守周礼，实为"不仁""不智"。一部《论语》，涉及对臧文仲评说的地方有好几处，仅就本章而论，孔子在两个方面对臧文仲持批评态度：一是以天子规制修建房屋，而且雕梁画栋，极尽奢靡，有不遵守周礼之嫌，是为"不礼"；二是在家养宠物（乌龟），公然还专门为乌龟修建了屋子，实为玩物丧志、不务正业，是为"不仁"。

背景故事

"玩物丧志"，最早见于《尚书·旅獒》："玩人丧德，玩物丧志。"玩，玩赏；丧，丧失；志，志气。常用"玩物丧志"来指醉心于玩赏某些事物或迷恋于一些有害的事情，就会丧失积极进取的志气。

三千多年前的西周时期，王朝初建，为了巩固自己的统治，周武王一面分封诸侯，一面派出使臣到边远地区，号召各国臣服周朝。

獒，音 áo，一种高大、凶猛、垂耳、短毛的家犬。武王灭商，周边方国、部族来朝，向周王朝称臣纳贡。有一天，来自西戎旅国（西戎旅国以出产獒犬著名）的一位使臣献上了一只獒。武王看了非常高兴，命人收下了这只獒，并重赏了使者。

此事被召公奭（音 shì）看在眼里，退朝以后，他写了一篇《旅獒》呈给周武王，劝他艰苦奋斗，以免使胜利果实毁于一旦。其中的名句就是"玩人丧德，玩物丧志"，意思是说：

轻易侮弄别人，会损害自己的德行；沉迷于供人玩弄的事物，会丧失进取的志向。

武王读了《旅獒》，想到商朝灭亡的教训，觉得召公奭的劝告是对的，于是把收到的贡品分赐给诸侯和有功之臣，专心致力于国家的治理和建设。

历史上，玩物丧志，玩物而招致国难，甚至亡国的皇帝还有很多。最有名莫过于卫懿公爱鹤失国了！

卫懿公是春秋时期卫国第十八代国君。懿公喜爱鹤，达到痴狂的程度，于是他便在各处大肆饲养鹤，在宫廷内外很多地方，均有专人为他养鹤。他养的鹤如朝廷的官员一样，有品位俸禄：上等竟食大夫禄，较次者食士禄，他外出游玩，必须带鹤跟从，把鹤放在车的前面，号称"鹤将军"。由于他喜欢鹤，所以国中有大量的人为他献鹤，凡献鹤者均给以重赏；为他养鹤的人，也都吃俸禄。卫懿公不但好鹤成瘾，而且不理朝政，漠视民疾，致使民怨沸腾，国势衰弱。

懿公九年（前660年）冬，北方翟人经过邢国的夷仪（今山东聊城西南）攻卫。翟人到达荥泽时，卫懿公准备发兵抵抗，大臣说："君好鹤，鹤可令击翟。"卫懿公向国人"受甲"，国人说："叫鹤去抵抗敌人吧，它们高官厚禄，我们哪里能够打仗呢！"卫懿公无奈便带少数亲信赴荥泽迎敌，结果兵败被杀。

再比如北宋"书画皇帝"。宋徽宗曾跟黄庭坚学习书法，后又糅合蔡襄、褚遂良的风格而创立了流传至今的"瘦金体"。他在绘画方面的成就更大，擅长花鸟画、人物画。宋徽宗赵佶醉心于书法和绘画，并取得了巨大的成就。但他将国事丢在一边，导致蔡京、童贯等人专权和人民起义，以致金兵袭来，这位书画皇帝成了阶下囚、丧身失国。

11 玩物丧志

懿公好鹤

感 悟

"玩物丧志",一句古话、一条古训,人们已经讲了千百年!翻开历史,古今中外,不少人在事业上之所以失败,无所成就,甚至亡国亡身,除了当时社会的政治经济原因以外,还有一个重要原因就是由于沉溺于物质享受。反之,一切有理想,有志气,对人类有杰出贡献的人物,往往是不贪图物质享受,而能克勤克俭、艰苦奋斗的。

为什么玩物可以丧志呢?道理很简单,任何一种大志的实现都不是轻而易举的,实现大志的过程是一个战胜困难艰苦奋斗的过程。贪图物质生活的安逸、享受,滋长了安逸享乐思想,就会使人丧失了为实现大志而去克服困难、英勇斗争的勇气,最后必然会忘掉和丧失大志!

12 是可忍，孰不可忍也

原 文

孔子谓季氏①，"八佾②舞于庭，是可忍③，孰不可忍也？"（《论语·八佾》）

注 释

①季氏：鲁国正卿季孙氏，即季平子。
②八佾：佾音 yì，行列的意思。古时一佾8人，八佾就是64人。据《周礼》规定，只有周天子才可以使用八佾舞，诸侯为六佾舞，卿大夫为四佾舞。
③可忍：可以容忍。

白话解读

《论语·八佾篇》共26章，主要内容涉及"礼"的问题，孔子主张维护礼在制度上、礼节上的种种规定，以及"君使臣以礼，臣事君以忠"的政治道德。"是可忍，孰不可忍也"，这句话一般人都知道，但却不一定都知道它的典故、由来。本章大意是：

12 是可忍，孰不可忍也

孔子谈到季氏说："你太过分了，连周天子专用的八佾舞都敢模仿表演，如果这种违背礼节的事都可以睁一只眼闭一只眼，那还有什么不可容忍的？"

春时期，周室衰微，天子失势，周室之困窘已很明显，各诸侯国由开始的尊王发展到后来的"政由方伯"。再后来诸侯国也步周天子后尘，"礼乐征伐自大夫出"已是司空见惯；在卿大夫内部也出现了"陪臣执国命""家臣专政"的现象，如鲁国三桓、晋国三家、田氏代齐等。宗法分封制的严重动摇，使西周时的整套礼乐制度遭受了巨大的冲击，出现了"礼崩乐坏"的局面。

八佾舞于庭

春秋末期，奴隶制社会处于土崩瓦解、礼崩乐坏的过程中，"礼崩乐坏"是这个时代发展的大趋势。违犯周礼、犯上作乱的

69

"僭越"之事不断发生，鲁国大夫季氏"八佾舞于庭"就是典型事件。对此，孔子表现出极大的愤慨，"是可忍孰不可忍"一句，反映了孔子对此事的基本态度。

孔子毕生热衷于政治，希望用自己的努力恢复西周时期的礼仪制度。

自20多岁起，孔子就对天下大事非常关注，对治理国家的诸种问题经常进行思考，也常发表一些见解。到30岁时，已有些名气，鲁昭公二十年（前522年），齐景公出访鲁国时就曾召见孔子，与他一起讨论秦穆公称霸的问题。鲁昭公二十五年（前517年），鲁国发生内乱，孔子也离开鲁国，到了齐国，受到齐景公的赏识和厚待，甚至曾准备赏赐给孔子封地，但被大夫晏婴阻止。

文献记载，鲁国贵族季平子"八佾舞于庭"就发生在这一时期。当时孔子34岁左右，还没有出任鲁国的官职，专心于私学教育，学生越来越多，影响也越来越多大。

季氏，春秋末期鲁国的新兴贵族，也称季孙氏。当时，鲁国"三桓"（季孙、孟孙、叔孙），权重势大，操纵着政权，国君实际上已在他们的控制之下。

背景知识

八佾舞是中国古代规格最高的祭祀舞蹈，是中华传统礼教的重要组成部分，也是对西周"礼乐制度"的最好诠释。

据史料记载，佾舞是古时乐舞的重量级舞蹈。儒家认为，八音克谐，然后成乐，每列必须8人。按周礼规定，佾舞有八佾、六佾、四佾之分。古代佾舞具有严格的等级限制，八佾八列64人，这是天子祭太庙所用的人数，属于祭祀的最高级别。诸侯（王）只能享受六佾舞，封邑大夫只能享用四佾舞。

八佾舞的舞者一般身着古代制式礼服，一组32人（男）手执盾、戚，另一组亦为 32 人（女）手执雉翟、龠（音 yuè，一种古代管乐器）。从动作层面上来看，古代八佾舞均依照舞谱进行表演，动作庄严齐一，节奏平稳，是纯礼仪的祭祀舞蹈。使用的乐器多为古代传承，如编磬、编钟、胡琴、笛子等。

八佾舞展示了礼仪之本，礼之本在"仁"，是为华夏文明积聚的文化智慧。礼是人类共体存在之德性，是人表现于外在的人文，更是体现了人性敬、爱、和三种至美关系。礼乐根植于仁，也就是礼乐源于道德本身。

孔子生前不是诸侯王，却被后世封为文宣王，故也能享用六佾舞，由此可见历朝皇帝对孔子的尊重。

自从汉高祖刘邦过鲁，首次以"太牢"规格祭祀孔子，开孔子祭祀活动升为国之大典之先河。后世历朝历代祭孔大典，都要表演"佾舞"（又称释奠佾舞、丁祭佾舞或祭孔佾舞）。唐以前，祭祀孔子，一般使用的六佾之舞。唐开元二十七年（739 年），孔子被封为文宣王，每年仲春、仲秋祭孔时，开始采用"八佾舞"。后世文庙释奠祭孔礼仪之中虽然有过变化，但是基本都用"八佾舞"。改革开放以来，山东曲阜、德阳文庙在国内率先恢复祭孔大典和祭孔乐舞表演。

感悟

所谓"名不正则言不顺"，孔子毕生以恢复西周礼仪制度为己任，提倡"正名"。孔子尊周文王、周武王为古代圣贤君主的楷模，对于当时各国的执政者僭越礼法的行为，深恶痛绝。

古代中国历史上所确立的等级制度、等级观念固然已经不可取，但是"没有规矩不成方圆"，所以通过孔子斥责三桓"八佾舞于庭，是可忍也，孰不可忍也"这件事，我们还应该看到一个方正刚直的孔子，应该知道做人做事必须讲求原则与底线。

13　心怀感恩

原　文

鲁有俭啬①者，瓦鬲②煮食，食之自谓其美，盛之土型之器，以进孔子。孔子受之，欢然而悦，如受大牢之馈③。

子路曰："瓦甂，陋器也，煮食，薄膳也，夫子何喜之如此乎？"

子曰："夫好谏者思其君，食美者念其亲，吾非以馔具之为厚，以其食厚而我思焉。"（《孔子家语》）

注　释

①俭啬：很节俭。

②瓦鬲：鬲，音 gé。瓦鬲，古代陶制的炊器，形状一般口沿外倾，有三个中空的足，便于炊煮加热。

③大牢之馈：牛羊豕三牲。馈，音 kuì，进献，进食于人。太牢系最隆重的祭祀礼仪，古礼规定，一般只有天子、诸侯才能使用。

13　心怀感恩

白话解读 >>>

本章所记大意是：

有一回，鲁国有一位非常节俭的人，一天他用陶炊具做了一些食物，吃后觉得味道很美，便装到了一个陶罐中送给孔子品尝。

孔子接受后很高兴，就像收到太牢礼那样贵重的礼物一样。

子路不解，便问："这么简陋的陶器，这么普通食物，老师您为何这样高兴？"

孔子说："善于进谏的人，心中常想到君王；吃美味的人，心中会想起父母。我不在意他送来的食物是否是美味，而是因他有好食物就想到我啊！"

仁爱思想是孔子思想的核心，也是整个儒家思想体系的基础理论。"仁"的思想是中华民族精神的源头活水，也是中华民族的精神价值之基本内容。《论语》二十篇，总字数不到两万字，但是其中讲到"仁爱"的次数不少于百次。

"仁者爱人"，孔子的"仁爱"思想，首先强调待人要有爱人之心，以敦厚善良之心宽以待人；再就是要乐于助人、成人之美。孔子及其儒家学说特别强调成人之美，助人为乐，也就是要以宽厚善良的态度和胸怀关心和帮助他人，只要是正当的、合理的愿望和要求，就应当尽其所能帮助他人去实现。《孟子》云："取诸人以为善，是与人为善者也。故君子莫大乎与人为善。"其实，在成全他人、帮助他人获得成功的同时，自己也会获得一种满足和快乐。

背景故事

千百年来，传统的"仁爱"价值观，不断下移，渗透整个社会，长期熏陶和浸润，因此形成了中华民族互相关心、互相体谅、互相帮助的优良传统，以及宽以待人、乐善好施的敦厚心理和博大胸怀，也为和谐的人际关系以及和谐的社会环境的形成提供了道德基础。

中国历史上，"仁爱"、感恩故事太多太多，其中最经典的就是著名的八大感恩典故。

1. 投桃报李

该句出自《诗经》：投我以木桃，报之以琼瑶。木桃是一种水果，琼瑶指美玉，从"木桃"到"琼瑶"，强调的是一种谢意的表达，源于爱与被爱。这之间连接的不过是一份心意罢了。

2. 滴水之恩，涌泉相报

该句原文是"涓滴之恩，当以涌泉相报"。书面记载最早为清代的《增广贤文》，原味民间俗语，后清代朱用纯编辑收录，为教子醒世用。

3. 寸草春晖

唐代诗人孟郊曾写下《游子吟》一诗："慈母手中线，游子身上衣。临行密密缝，意恐迟迟归。谁言寸草心，报得三春晖。"寸草，形容儿女的心力小得像小草。春晖，象征母亲的慈爱。小草微薄的心意报答不了春日阳光的深情。比喻父母的恩情沉重，难以报答。

4. 羊有跪乳之恩，鸦有反哺之义

该句出自《增广贤文》，意思是：小羊跪着吃奶，小乌鸦能反过来喂养老乌鸦，以报答父母的养育之恩。

5. 结草衔环

这是古代报恩的传说。前者讲一个士大夫将其父的爱妾另行嫁人，不使殉葬。这位爱妾已经死去的父亲为了替女儿报恩，将地上野草缠成乱结，绊倒恩人的敌手。后者讲有个儿童挽救了一只受困黄雀的性命，黄雀衔来白环四枚，声言此环可保恩人世代子孙洁白，身居高位。后将二典故合成一句，比喻受人恩惠，定当厚报，生死不渝。

6. 一饭之恩

韩信少年时家中贫寒，父母双亡。他虽然用功读书、拼命习武，却仍然无以为生，迫不得已，他只好到别人家吃"白食"，为此常遭别人冷眼。韩信咽不下这口气，就来到淮水边垂钓，用鱼换饭吃，经常饥一顿饱一顿。淮水边上有个为人家漂洗纱絮的老妇人，人称"漂母"。她见韩信可怜，就把自己的饭菜分给他

吃。天天如此，从未间断。韩信深受感动。后来韩信被封为淮阴侯，始终没忘漂母的一饭之恩，派人四处寻找，最后以千金相赠。

7. 知遇之恩

春秋时期，伯牙擅长弹琴，钟子期擅长听音辨意。二人因此结为知音，并约好来年再相会论琴。可第二年伯牙来会子期时，得知子期不久前已经因病去世。伯牙痛惜伤感，摔破了古琴，从此不再抚弦弹奏，以谢生平难得的知音。

8. 士为知己者死

这是春秋末期晋国著名刺客豫让说的，强调感恩报恩。因为对自己有知遇之恩的智伯被赵襄子所杀，豫让认为"士为知己者死，女为悦己者容"，决心刺杀赵襄子为智伯报仇。

感 悟

一般看来，贵重的物品或是优厚的饮食，才让人感到珍贵。却不知，当一吃到好吃的食物便会想到别人，这颗关爱之心，要比送与厚礼更让人感动。

"夫子受食"故事，孔子看到的是送食人的心境，而非馈赠食物的厚薄。

中国人重人伦道德，认为君子应该常怀感恩之心。孔子以人为本、重情轻利，实际上就是孔子常怀感恩之心的具体主张。

是啊，天地化育万物，何其不易。一粥一饭，半丝半缕，是多少人的血汗。一个懂得爱惜粮食物品之人，知道体恤他人的付出，也有一颗知恩感恩之心，不忍随意践踏、浪费。只有心存仁爱、常怀感恩之心的人，才是仁人君子啊。

其实，感恩也可以是一种积极的生活态度。愿青少年朋友提升修养，有仁爱之心、真诚之心，感谢命运、感激一切让你成长、成熟的人与事，懂得感恩、学会感恩！

14　知之为知之，不知为不知

原　文

子曰："由①，诲女知之乎②？知之为知之，不知为不知，是知也。"（《论语·为政》）

注　释

①由：姓仲名由，字子路，一称季路。小孔子九岁，个性耿直好勇、率直大方，长期追随孔子。

②诲女知之乎：诲，教也。女，犹"汝"，你。知之，知晓道理的方法。

白话解读

仲由（前542—前480年），字子路，鲁国人，在孔门"七十二贤"中，以政事见称，为人伉直，好勇力，跟随孔子周游列国，是《论语》一书的主要编集者之一，"孔门十哲"之一。

本章讲的是对待学习的态度，说明探求学问或了解事物，应采取极其诚实的态度，懂了就是懂了，不懂就是不懂，切不可不懂装懂。这段话以孔子和子路对答方式表现，一开始采用呼告、感叹的句式，以求听者的注意和重视，也说明了孔子对学习态度的极端重视。本章大意是：

孔子说："仲由！我教给你的东西都懂了吗？知道就是知道，不知道就是不知道，这就是智慧啊！"

子路受教

这段话有六个"知"，其中第一个"知"和第六个是"对待知与不知的正确态度"，其余的都是"知道的意思"。

孔子是大教育家，他关于学习的思想极其丰富，除了谈对待学习的态度外，还有许多论述，比如：

关于学习的方法：孔子在和弟子的交谈中多处提及学习方法问题，最著名的莫过于"学而时习之，不亦说乎""温故而知新，可以为师矣"等。同时，孔子还特别强调学思结合，勇于实践。

他说"学而不思则罔,思而不学则殆",要求人们把学习积累和钻研思考相结合,不能偏废。

关于学习的内容:孔子主张学习要博,要广,不能偏颇、单一。他提出要用四种东西作为自己的学习纲要,这就是"文、行、忠、信",即文化知识、品德修养、忠诚笃厚、坚守信约。孔子在重视博学的同时,也强调学习要抓根本的东西,不仅要"多学",还要处理好博与精的关系。

关于学习的目的:孔子认为,学习必须要有明确的目的,重点在于"学以致用"。子曰:"德之不修,学之不讲,闻义不能徙,不善不能改,是吾忧也。"也就是说:品德不去修养,学问不去讲习,听到正义的事不能去做,有错误不能改正,也就是理论和实际不能结合,这才是我们忧虑的。

由此可见,读书的目的,不在于死记书本,而在于应用,在于实践,在于"举一反三"地灵活运用知识。当然在孔子看来,学习的目的也在于对道义、真理的追求,"士志于道","朝闻道,夕死可矣"。

背景故事

齐宣王为战国时期颇有名气的君王之一。一是因为在位期间的稷下学宫与百家争鸣,二是因为他娶丑女钟无艳为妻,三是滥竽充数这个典故。

竽,是一种类似笙的古簧管乐器,管数亦较多,战国至汉代间广泛流传。"滥竽充数"是历史上不懂装懂的经典故事,出自《韩非子》,说的是:

战国时齐国的国君齐宣王爱好音乐,尤其喜欢听吹竽,据说手下有300个善于吹竽的乐师。齐宣王喜欢热闹,爱摆排场,总想在人前显示做国君的威严,所以每次听吹竽的时候,总是叫这

14 知之为知之,不知为不知

300人在一起合奏给他听。

有个南郭先生听说了齐宣王的这个癖好,觉得有机可乘,是个赚钱的好机会,就跑到齐宣王那里去,吹嘘自己说:"大王啊,我是个有名的乐师,听过我吹竽的人没有不被感动的,就是鸟兽听了也会翩翩起舞,花草听了也会合着节拍颤动,我愿把我的绝技献给大王。"齐宣王听得高兴,不加考察,很痛快地收下了他,把他也编进那支300人的吹竽队中。南郭先生就随大家一块儿合奏给齐宣王听,和大家一样拿优厚的薪水和丰厚的赏赐,得意极了。

滥竽充数

其实南郭先生撒了个弥天大谎,他压根儿就不会吹竽。每逢演奏的时候,南郭先生就捧着竽混在队伍中,人家摇晃身体他也

81

摇晃身体，人家摆头他也摆头，脸上装出一副动情忘我的样子，看上去和别人一样吹奏得挺投入，还真瞧不出什么破绽来。

可是好景不长，过了几年，爱听竽合奏的齐宣王死了，他的儿子齐湣（音 mǐn）王继承了王位。齐湣王也爱听吹竽，可是他和齐宣王不一样，认为300人一块儿吹实在太吵，不如独奏来得悠扬逍遥。于是齐湣王发布了一道命令，要这300个人好好练习，做好准备，他将让300人轮流来一个个地吹竽给他欣赏。乐师们接到命令后都积极练习，想一展身手，只有那个滥竽充数的南郭先生急得像热锅上的蚂蚁，惶惶不可终日。他想来想去，觉得这次再也混不过去，只好连夜收拾行李溜之大吉了。

感 悟

待人处世，首贵真诚，为学求知亦是如此。庄子说："吾生也有涯，而知也无涯。"人的生命是有限的，知识学问却无穷无尽。如果强不知以为知，自以为是，道听途说、以偏概全，小则炫耀自己，哗众取宠；大则贻误苍生，害人无数。为师者，强不知以为知，必致误人子弟；当权者，强不知以为知，必会误国误民。

"知之为知之，不知为不知"，千百年来，人们之所以推崇这句话，是因为其中所蕴含的学习、世道与人生的价值、智慧。一个人要平实，不懂就是不懂，不要不懂装懂，犯下严重错误，贻笑大方。

我们想要成功，唯一的办法就是勤奋学习，只有练就一身过硬的真本领，才能经受得住一切考验。像南郭先生这样不学无术靠蒙骗混饭吃的人，骗得了一时，骗不了一世！

15　知礼而有勇

原　文

（鲁定公十年）夏，公会齐侯于祝其①，实夹谷。孔丘相②。犁弥③言于齐侯曰："孔丘知礼而无勇，若使莱④人以兵劫鲁侯，必得志焉。"齐侯从之。孔丘以公退，曰："士兵之⑤！两君和好，而裔夷⑥之俘以兵乱之，非齐君所以命诸侯也。裔不谋夏，夷不乱华，俘不干盟，兵不逼好⑦。于神为不祥，于德为愆⑧义，于人为失礼，君必不然。"齐侯闻之，遽辟⑨之……（《左传》）

注　释

①祝其：夹谷，古县名，在今山东莱芜夹谷峪一带。
②相：担任傧相，负责主持会议仪节。
③犁弥：齐国大夫。
④莱：诸侯国名，姜姓，在今山东黄县，被齐国灭掉。
⑤士兵之：命令士兵们拿起武器冲上去。
⑥裔夷：华夏地域以外的民族。
⑦逼好：逼迫友好。
⑧愆：音 qiān，罪过、伤害。
⑨遽：音 jù，迅速，紧急。辟：同"避"。

白话解读

《左传》，春秋末期鲁国人左丘明据鲁国编年史料《春秋》编著而成的中国古代第一部记事详细、议论精辟的编年史。

公元前500年，齐景公和晏婴想和近邻鲁国等中原诸侯联合起来，共同对付吴国的威胁，恢复齐桓公的霸业，于是写信给鲁定公，约他在齐鲁交界的夹谷会盟。鲁齐会盟之时，孔子是鲁国的大司寇（管司法的长官）。会盟前孔子告诉鲁定公："齐国屡次侵犯我边境，这次邀约我们会盟，我们也得有兵马防备着。希望把左右司马都带去。"鲁定公同意孔子的主张，又派了两员大将带了一些人马，随同他上夹谷去。

夹谷之会

15 知礼而有勇

看过电影《孔子》的人，大概都对"夹谷盟会"的高潮迭起意犹未尽，在夹谷会议上，由于孔子的出色外交表现，鲁国取得了外交上的胜利。本章所记的大意是：

鲁定公十年（前 500 年）夏天，鲁定公和齐景公在祝其会见，祝其实际上就是夹谷。孔子担任傧相。齐国大夫犁弥对齐景公说："孔丘懂得礼仪，但是没有勇气，如果派莱人用武力劫持鲁侯，一定能够如愿。"齐景公听从了犁弥的话。孔子带着鲁定公往后退，并命令士兵说："快拿起武器冲上去！两国国君友好会见，而华夏之地以外的夷人俘虏却用武力来捣乱，这不是齐国国君命令诸侯会合的本意。华夏以外的人不得图谋中原，夷人不得触犯盟会，武力不能逼迫友好。这样做对神灵是不吉祥的，对德行也是一种伤害，对人却是丧失礼仪，国君一定不会这样做。"齐景公听了这番话后，急忙叫莱人避开。

即将举行盟誓的时候，齐国人在盟书上加上了这样的话："一旦齐国军队出境作战，鲁国如果不派三百辆兵车跟随我们，就按此盟誓惩罚。"孔子作揖回答说："如果你们不归还我们汶水北岸的土地，却要让我们供给齐国的所需，也要按盟约惩罚。"

齐景公准备设享礼（使臣向朝聘国君主进献礼物的仪式）款待鲁定公。孔子对齐国的大夫梁丘据说："齐国和鲁国从前的典礼制度，您怎么没听说过呢？盟会的事已经结束了，而又没有设享礼款待，这是让办事人辛苦了。再说牺尊和象尊不出国门（《周礼》六尊之中最华美的两种盛酒器），钟磬（古代礼乐器）不能野外合奏，设享礼而全部具备牺象钟磬，这是抛弃了礼仪；如果这些东西不备齐，那就像用秕稗（秕子和稗子，比喻轻贱）来款待，是国君的耻辱；抛弃礼仪则名声不好。你们为什么不好好考虑一下呢？享礼是用来发扬光大德行的。不能发扬光大，还

不如不举行。"最后齐景公没有举行享礼。

到了冬天,齐国人向鲁国归还了汶水北岸懂的郓邑、瓘邑和龟阴邑的土地。

背景知识

春秋时期发生在齐鲁两国交界的"夹谷盟会",由于孔子的加入,便成了影响最大、传史最久的春秋大事。

那么,历史上"夹谷盟会"之"夹谷"究竟在哪里?两千多年来,人们一直在探寻,会盟的事发地究竟在哪里呢?

一种说法是在江苏省连云港市赣榆县西北之夹谷山。

今天连云港市赣榆县西北之夹谷山,山谷深邃,树木葱茏,风过山谷,风吹石洞,滚滚松涛中能听到清越娇婉的莺啼声,千回百折,山鸣谷应,若即若离,这就是明清赣榆十八景之一的"夹谷莺啼"。在主峰半山腰,立着一座明代万历年间的碑刻,碑高二米多,宽约半米,碑文"孔子相鲁会齐侯处"八字挥洒飘逸,古朴苍劲,昭示着那段辉煌的历史。

另一说法认为当年齐鲁"夹谷盟会"之"夹谷"应在山东省枣庄市齐村镇的夹谷山。这一说法最早见于乾隆二十六年(1761年)版《峄县志》。枣庄市夹谷山,地处齐国和鲁国的边境线上,是泰蒙山区的最南端,地理位置非常重要。这里也立有一块同治年间石碑。碑文明确记述这里是"孔子相鲁君会齐侯于此也"。

"夹谷盟会"之"夹谷"究竟在哪里?目前仍然没有一致看法。

感 悟

孔子身为大儒,万世师表,他文质彬彬,言行有礼,有着君子的和善风范。孔子对付齐国军臣无礼的事迹,给我们以巨大的启发。那些外表上貌似强大、不可一世、骄横跋扈的人,并没有什么可怕的。他们没有三头六臂,内心很虚弱,只有凭借恐吓、强权、阴谋来获取不义之财。

《中庸》有曰:"知仁勇三者,天下之达德也。"通常在学习古圣先贤的教诲中,我们感受到的是圣哲的仁爱慈悲之心,但对于其智慧、勇气与魄力,却少有领会。齐鲁"夹谷盟会",孔子的勇气来自哪里?来自他的"知礼""有勇",知礼而有勇堪称君子风范。

16　周急不济富

原　文

子华使于齐，冉子①为其母请粟②。子曰："与之釜。"请益。曰："与之庾。"冉子与之粟五秉③。子曰："赤之适齐也，乘肥马，衣轻裘。吾闻之也：君子周④急不济富。"（《论语·雍也》）

注　释

①子华、冉子：孔子的学生。
②粟：在古文中，粟与米连用时，粟指带壳的谷粒，去壳以后叫作米；粟字单用时，就是指米了。
③釜、庾、秉：古代量名。釜，音 fǔ，一釜约等于六斗四升；庾，音 yǔ，一庾等于二斗四升；秉，一秉约等于一百六十斗，即十六石。
④周：周济，救济。

白话解读

《论语·雍也》篇的"雍"，指冉雍，字仲弓，鲁国人，乃少昊氏之裔，周文王之后。其与冉耕（伯牛）、冉求（子有）皆在

16 周急不济富

孔门十哲之列。《论语·雍也》篇共 30 章，主要涉及"中庸之道""恕"等学说、主张。著名的文句有"贤哉回也，一箪食，一瓢饮，在陋巷""质胜文则野，文胜质则史，文质彬彬，然后君子""敬鬼神而远之""己欲立而立人，已欲达而达人"等。本章所记大意是：

孔子的学生子华出使齐国，冉求替他的母亲向孔子请求补助一些谷米。孔子说："给他六斗四升。"冉求请求再增加一些。孔子说："再给他二斗四升。"冉求却给了他八十斛。孔子说："公西赤到齐国去，乘坐着肥马驾的车子，穿着又暖和又轻便的皮袍。我听说过，君子只是周济急需救济的人，而不是周济富人的人。"

公西赤，复姓公西，单名赤，字子华，鲁国陶（今山东省菏泽市定陶县）人。子华相貌堂堂，在孔门"七十二贤"中以善于言辞见长，是个做外交大臣的料。正因为在老师眼中，"赤也，束带立于朝，可与宾客言也"，所以才有在孔子的举荐之下奉旨出使齐国之事。

冉求，字子有，与公西赤同乡，也是孔门弟子。在孔门七十二贤中，冉求以政事见称。冉求是孔子最好的得意门生之一，多才多艺，尤擅长理财，曾担任季氏宰臣。后来，是他说服季康子迎回了在外流亡 14 年的孔子。

"子华使齐"，是在鲁齐交往频繁，孔子摄相为官之时，所以才有学生公西赤到齐国去做大使，才有孔子弟子冉求请拨给他安家口粮的问题。

当时，冉求在鲁国做总管，不过他居然"以权谋私"，不顾老师的意见，一下子给了亲密的同学公西赤远远超过老师规定指标的安家口粮。值得我们注意的是，孔子并没有为此而大发雷

霆，也没有撤职查办冉求，而只是语重心长地说："公西赤到齐国去会过得很好，完全有能力负担他母亲的生活，因此，我们没有必要为他锦上添花了，而应该周济那些穷困的人，为他们雪中送炭。"

冉求听罢老师教诲，再次佩服得五体投地：在自己的心目中有的只是同门师弟，而在老师的眼中看到的则是全天下的百姓啊！

背景故事

从"子华使齐"故事，我们知道了孔子"周急不济富"的"仁爱"主张，也想起了"雪中送炭"的典故。

"雪中送炭"成语典故，源于南宋著名诗人范成大的一首诗作。范成大一生写了许多诗歌，晚年退居故乡吴郡（今江苏苏州吴中区）石湖，自称石湖居士。他留下一本《石湖居士诗集》，其中有一首诗，题目是《大雪送炭与芥隐》，诗云：

无因同拨地炉灰，想见柴荆晚未开。
不是雪中须送炭，聊装风景要诗来。

炭：木炭。在寒冷的下雪天给人送去木炭，以供取暖。"雪中送炭"，比喻在别人极其困难和危急的时候，他人给予的物质上或精神上的帮助。

据著名气候学家竺可桢先生研究，辽宋金王朝更迭的三百余年间，我国的气候经历了一个由温暖向寒冷的转变期。故而，虽然北宋都城开封在黄河之南，但到了冬天，仍多天寒地冻，风雪交加，一般贫苦百姓之家难免忍饥受冻。如北宋赵匡胤乾德二年（964 年）冬，京师下了一场大雪，宋太祖"设毡帷于讲武殿，衣紫貂裘帽以视事"，还觉得很冷。于是，在寒冷的冬天，皇帝往往赏赐一些物品来帮助百姓御寒，从而出现了"雪中送炭"这样的幸事。

据《宋史·太宗纪》记载，有一年天降大雪，天气非常寒冷。宋太宗在皇宫中忽然想起了穷人的可怜，就派官员拿着粮食和木炭，送给那些穷人和孤苦伶仃的老人，让他们有米做饭吃，有木炭生火取暖。

于是从宋太宗开始，"雪中送炭"的故事就流传开来。而为了宣扬德政，宋朝历代君主中这样的善举并不少见，太祖、太宗、真宗、哲宗等朝都曾有过。冬季救寒更为迫切的是能够买到低价的柴炭。地方官员、富民也自发行动起来，救助老幼孤贫等弱势群体。乡邻的民间救助也更为活跃，有患病之人，则给药以济；负债不能偿者，则免其欠负；天气严寒，则为孤独贫困者提

供饮食。这在中国历史上,着实难能可贵。

感 悟

仁爱是孔子思想的精髓,但孔子的"仁爱"也是有原则、有底线的。"君子周急不济富",不仅是指经济财力上的救济,更应该是危难之时给予道义和精神上的支持。能够在别人危难的时候挺身而出,雪中送炭,这才是真正的君子作风。雪中送炭才能见真情,锦上添花不足为贵。

俗话说:"锦上添花易,雪中送炭难。"人们总是乐于好上加好,做那个锦上添花的人,这样能够显示自己的好。但是,每个人都有可能在生命中的某个时刻遭受挫折,如果平时你所做的只是锦上添花,那么当你落魄的时候,就不要指望别人会对你伸出援手。

17　欲速则不达

原 文

子夏为莒父①宰,问政。子曰:"无②欲速,无见小利。欲速则不达②,见小利则大事不成。"(《论语·子路》)

注 释

①莒父:莒,音 jǔ,鲁国的一个城邑,在今山东省莒县境内。莒地以"父"名,系鲁人语音之故,如梁父、亢父、刚父等。

②无:不要。

②达:通达。

白话解读

《论语·子路》篇共 30 章,所包含内容有关于如何治理国家的政治主张,孔子的教育思想等。本篇著名的文句有"名不正则言不顺,言不顺则事不成""欲速则不达""言必信,行必果"等。本章大意是:

子夏做莒父的总管，请教孔子怎样办理政事。孔子告诫子夏："不要求快，不要贪求小利。求快反而达不到目的，贪求小利就做不成大事。"

子夏，姓卜名商，春秋时晋国人，是孔子的得意门生之一。子夏比孔子小44岁，是孔门弟子中的佼佼者，"孔门十哲"之一，以"文学"著称。子夏才思敏捷，提出过"仕而优则学，学而优则仕"等思想。孔子死后，子夏到西河（今山西河津）讲学，授徒三百，主张国君应学习《春秋》，从中吸取历史教训，防止臣下篡权夺位。

在孔门弟子中，子夏并不像颜回、曾参那样恪守夫子之道。他是一位具有独创性因而颇具异端倾向的思想家。他关注的问题已经不是"克己复礼"（复兴周礼），而是与时俱进的当世之政。历史上子夏的"西河设教"，当时的社会名流如李克、吴起、李悝、段干木、公羊高等都是他的学生，魏文侯也尊以为师。子夏发展出了一套偏离儒家正统政治观点的政治理论，影响很大。

当初，子夏因为才能出众，被派到莒父这个地方去做官。临走之前，他专门去拜望孔子，向老师请教说："请问老师，怎样才能治理好一个地方呢？"

孔子十分热情地对子夏说："治理地方，是一件十分复杂的事。可是，只要抓住了根本，问题也就很简单了。"

孔子希望弟子为政要有眼光，不要急功近利，不要想很快就能拿成果来表现，也不要为一些小利益花费太多心力，要顾全到整体大局。

子夏深深鞠躬，说道："谢谢老师的教导，我一定按照老师的教导去做。"然后告别孔子，到莒父上任去了。

17 欲速则不达

子夏问政

背景知识

《论语》子夏问政的这段话,不仅产生了"欲速则不达"这一成语典故,而且也表达了孔子思想体系中的"义利观"。

义利观是中国古代道德理论中的一个重要问题,如何处理好两者关系,对国家、政治、经济、伦理及社会风尚都具有十分重要的作用。

先秦诸子中,法家提出了"贵利轻义"主张;道家以既超道义又超功利的态度来看待义利;墨子既不是重义轻利,也不是重利轻义,而是义利合一;儒家创始人孔子提出了"重义轻利"思想。

一部《论语》,孔子谈论义、利以及义与利之间的关系的篇

章很多,大体而言,孔子的"义利观"包含了四方面的基本内容:

第一,人不能见利忘义。孔子说:"君子喻于义,小人喻于利。"做有德君子,而不做只知追求一己私利的小人,是儒家对人的基本要求。

第二,君子爱财,取之有道。孔子说:"富与贵,是人之所欲也,不以其道得之,不处也;贫与贱,是人之所恶也,不以其道得之,不去也。"富贵为一般人所喜好,贫贱为一般人所厌恶,取合理之利是天经地义的。但是,无论取得富贵还是去除贫贱,都应讲究道义,而不能肆意妄为。

第三,动机上反对"以义求利",结果上接受"因义得利"。蔑视从主观上假仁假义谋取私利,但对施行信义善举在客观上造成的利益,却主张坦然接受。

第四,在义利冲突时,应当牺牲利益而成就道义,极端情况下,宁可杀身成仁,也要舍生取义。在义与利尖锐对立、只能做出非此即彼选择的特殊情况下,儒家主张注重道义而舍弃利益。孔子指出:"志士仁人,无求生以害仁,有杀身以成仁。"

为人重"德",是中华文化深厚绵长的传统。人生在世,究竟应当取利还是取义,或者是义利兼取?这是我们每一个人都必须要回答并抉择的,也是评判人品好坏的标准。

"欲速则不达",历史上急于求成最终导致失败的悲剧太多太多。

感 悟

"欲速则不达",不仅包含着丰富的辩证法思想,而且表达了孔子反对急功近利的思想主张。欲成就一番大事业,切不可急功近利,否则就无法达到高远的目的;也不可贪求小利,否则也不可能做成大事。

孟子说:"大夫穷则独善其身,达则兼济天下大事。"讲的实在是非常精辟,早在两千多年前,圣贤就已经悟透了"厚积"与"薄发"之道。

宋朝的朱熹是个绝顶聪明之人,他十五六岁就开始研究禅学,然而到了中年之时才感觉到,速成不是良方,只有经过一番苦功方才可能有所成就。他以十六字真言对"欲速则不达"作了一番精彩的诠释:"宁详毋略,宁近毋远,宁下毋高,宁拙毋巧。"意思就是说:

宁愿详细,不要简略。宁愿求近不求远,宁求低的不求高的,宁愿笨拙一些也不投机取巧。

做人做事都应放远眼光,注重知识的积累,厚积薄发,自然会水到渠成,达成自己的目标。世间许多事业都必须有一个痛苦挣扎、奋斗的过程,而这也是你锻炼得坚强、使你成长、使你有力的过程。

在这个利益驱逐的现实社会,许多人浮躁、急功近利,总幻想着不劳而获或者说少劳多获,殊不知这只会让他们为成功付出更大的代价。

18 过犹不及

原 文

子贡问:"师与商①也孰贤?"子曰:"师也过,商也不及。"曰:"然则师愈②与?"子曰:"过犹不及。"(《论语·先进》)

注 释

①师与商:孔子的两个弟子。师,颛孙师,即子张;商,卜商,即子夏。
②愈:胜过。

白话解读

《论语·先进》篇共 26 章,主要有孔子对弟子们的评价,中庸思想,孔子对待神、生死问题的态度等。著名的文句有"未能事人,焉能事鬼?""未知生,焉知死""过犹不及"等。本章大意是:

有一次,子贡请教孔子:"子张和子夏二人谁更好一些呢?"孔子回答说:"子张过分了点,子夏不足。"子贡说:"那么是子

18 过犹不及

张好一些吗?"孔子说:"过分和不足都是一样的。"

子张,春秋末陈国(舜帝后裔封国,在今天河南省)人,出身微贱,且犯过罪行,曾随从孔子周游列国,经孔子教育成为"显士"。子张秉性孤僻偏激,但为人宽容大度,勤学好问,经常同孔子讨论问题,如问干禄、问仁、问政等。孔子死后,子张独立招收弟子,宣扬儒家学说,是"子张之儒"的创始人。子张之儒在道德伦理方面,明确反对"执德不弘,信道不笃""言不忠信,行不笃敬";提倡"士见危致命,见得思义""君子尊贤而容众,嘉善而矜不能"的理想人格,影响颇大。

孔子所讲的"过犹不及",即后来子思在《中庸》说的"执中":

道之不行也,我知之矣。知者过之,愚者不及也。道之不明也,我知之矣。贤者过之,不肖者不及也。……执其两端,用其中于民,其斯以为舜乎?

就是说:舜帝于两端取其中,既非过,也非不及,以中道教化百姓,所以成为大圣人。这实际上就是对孔子"过犹不及"的具体解释。既然子张做得过分、子夏做得不足,那么两人都不好,所以孔子对此二人的评价就是:"过犹不及。"

背景故事 ▷▷

在《论语》之中,孔子曾经这样告诫弟子:

事君数,斯辱矣;朋友数,斯疏矣。

子贡问贤

白话理解就是说：侍奉君主太过烦琐，就会受到侮辱；对待朋友太烦琐，就会被疏远。自古伴君如伴虎，为什么？"事君数，斯辱矣"。"朋友数，斯疏矣"，纵然是朋友之间、非常亲近的人，分寸没有拿捏好，也会疏远。

待人如此，处事亦然。《论语》中还有云：

季文子三思而后行。子闻之，曰：再，斯可矣。

季文子（？—前568年），即季孙行父，鲁国的正卿。季孙行父上承其祖上之遗风，下启以季氏为首的三桓政治。据说，一代文化大师季羡林先生就是季文子的后裔。

季文子素来行事谨小慎微。《左传》中有记载说季文子将要出使晋国，在准备好聘礼之后，又让属下"求遭丧之礼以行"，并解释说"备豫不虞""过求何害"。凡事总要做到有备无患,这是季文子的性格特征,但过于谨慎则会导致待人做事犹豫不决,畏首畏尾。

对季文子行事的评价可见孔子一方面似主张凡事应该谨言慎行,但另一方面也没有必要过于谨慎。

凡事三思,一般总会利多弊少,然而孔子却不同意季文子如此去做。在孔子看来,一个人做事过于谨慎,顾虑太多,就会发生各种弊病。处事多思是好事,但过分了,也不尽然,这与孔子"过犹不及"的思想是吻合的。

另外,在《孔子家语》中还有一段"东野毕驾马"的故事,大意是说:

有一次,鲁定公饶有兴致地问颜回:"先生,您听说过东野毕很擅长于驾马吧?"

颜回答道:"擅长是很擅长,不过他的马将来必会跑掉。"

东野毕擅长驾马是众所周知之事,所以鲁定公听了很不高兴。

三天以后,掌管畜牧的官员突然跑来报告鲁定公说:"东野毕驾的马不听指唤,挣脱缰绳,车旁的两匹马拖着中间的两匹马,一起回到马厩里了。"

鲁定公一听,惊坐而起,急忙唤人派车将颜回招来,向颜回请教。

颜回起身答道:"臣是以政事推测出来的。以前,舜帝善于使用民力,造父(西周人物,历史上著名善御者)擅长使用马力。舜帝不穷尽民力,造父不穷尽马力,因此在舜王的那个时代,没有避世隐居或是逃走的人,而在造父手下,也没有不听指示逃离的马。但现在东野毕在驾马的时候,虽然骑着马,拿着缰绳,姿态很端正,驾马的缓急快慢,进退奔走,也很合适,只是当经历险阻到达远方之后,马已经筋疲力尽了,他却仍然对马责

101

求不止,臣是从这里推想到的。"

鲁定公很赞赏地说道:"原来如此啊!果真如您所言。不过,先生您话中的含义很大,能不能再稍进一步说明呢?"

颜回说:"臣曾听说过,当鸟被逼急时就要啄人,兽逼急了就用爪子乱抓,而人被逼得没办法时便要欺诈、叛乱,马被逼过头了自然就会逃奔。从古到今,没有能使其手下处于极点,而自己没有危险的啊!"

鲁定公听了颜回的话后很高兴,感到非常受益,也很佩服颜回的智慧与德行。

感 悟

世道人情,凡事"过犹不及"。孔子"过犹不及"的思想与教诲,包含了太多的待人、处事的智慧。

圣人先贤的教诲告诉我们:人与人相处是需要有"度"、需要有"距离"的,这其中包含的是一种信任与理解,是一种对人的尊重。而这种信任、理解与尊重即使在最亲近的人中间,父子母女之间、夫妻之间,也应该是要保有的。

所以在现实生活中,我们应有一颗平常心,本着平等和理性的态度去尊重每一个人,彼此之间留一点分寸,有一点余地。

19　君子求诸己，小人求诸人

原 文

子曰："君子求①诸己，小人求诸②人。"（《论语·卫灵公》）

注 释

①求：前一个"求"，指严格要求自己，后一个"求"，指苛求别人。
②诸：古汉语"之于"的合音。

白话解读

本章大意是：

孔子说："君子总是严格要求自己，小人总是苛求别人。"

结合《论语》对"求诸己"的论说，特别是对弟子君子修为的教育实践，孔子讲"君子求诸己，小人求诸人"的"求"，有两方面的含义：

一方面，从积极追求的角度说，是指凡事都靠自己的意思，

就是《易经》所说："天行健，君子以自强不息。"就是说，具有君子品行的人，遇到困难首先想到的是要靠自己去解决，不到万不得已不去求助于别人。而不具备君子品行的人，遇事总是习惯于求助于别人，而不是靠自己去解决。

另一方面，"求"也包括对自己失败原因的探求。

孔子关于"君子求诸己，小人求诸人"的思想观点，不仅与他的人生际遇、处境有关，更多的是孔子对君子人格修养的教育主张。《孔子家语》中有"观乡人射"一节，大意说：

> 孔子观看乡射礼，长叹一声说："射箭时配上礼仪和音乐，射箭的人怎能一边射，一边听？努力修养身心而发出的箭，并能射中目标，只有贤德的人才能做到。如果是不肖之人，他怎能射中而罚别人喝酒呢？"

观乡人射

19　君子求诸己，小人求诸人

乡射礼，系西周四大射礼之一，是地方官为荐贤举士而举行的射礼。射礼讲究谦和、礼让、庄重，提倡"发而不中、反求诸己"，重视人的道德自省。

后来孟子也讲："仁者如射；射者正己而后发；发而不中，不怨胜己者，反求诸己而已矣。"不怪靶子不正，不怪比自己射得好的人，总之都是要求从自身找原因。从而将"反求诸己"的思想观点被发挥到了极致。《孟子》一书还说：

爱人不亲，反其仁；治人不治，反其智；礼人不答，反其敬。行有不得者皆反求诸己，其身正而天下归之。

大意是说：爱别人却得不到别人的亲近，那就应反问自己的仁爱是否不够；管理别人却不能够管理好，那就应反问自己的管理才智是否有问题；礼貌待人却得不到别人相应的礼貌，那就应反问自己的礼貌是否到家。凡是行为得不到预期的效果，都应该反过来检查自己，自身行为端正了，天下的人自然就会归服。

宋代大儒朱熹继承发扬了孔子的为己精神，在《四书章句》中重申这一点，强调："有善于己，然后可以责人之善；无恶于己，然后可以正人之恶。"

"君子"是儒家思想言论的一个重点。孔子看来，"君子"与"小人"在修养、人格和行为等方面都有根本区别。解读中国传统文化中的"君子求诸己，小人求诸人"，除了从责人与责己理解，理解孔子"严己宽人"的君子人格主张，对自己要求严格，对别人宽容大度外，还应知道：凡事求己还是求人，是君子小人之一大区别。

背景故事

关于"反求诸己",中国历史上有这样一个典故:

据说在很久很久以前,因为有许多猛兽出没在人们生活的环境周围,因此大家就组成部落,共同防卫,没想到,赶走野兽,水灾却又淹没了人们住的草屋,大家都不知道怎么办。

有一个聪明的人叫大禹,他使用"疏通"的方法,前后十三年,逐步将漫天大水化为小河,百姓的生活又恢复了平静。

大禹治水成功,百姓们都高兴极了,因为他们又可以恢复正常的生活了;许多诸侯认为他是明君,于是前来归顺。

一天,诸侯中的"有扈氏"因故起兵叛变,于是大禹便派他的儿子伯启去制服他。两方大军在"甘"(古甘地,在今河南省境内)这个地方打了起来,伯启的部队大败而逃。跟在伯启身边的将领们要求伯启略事整顿后再行出兵还击。

"不用再战了!"伯启摆手说。将领们都觉得奇怪,为什么说不用再战了呢?伯启说:

"有扈氏扰乱老百姓的生活,我才奉命来围剿他。大家想一想,我的地盘不比他小,率领的部队也是最精良的,结果我却不能完成任务。这是什么原因呢?"

"因为我还有需要改进的地方,譬如我没有以身作则带领属下,管教部属的方法也不如他。所以,如果我要让老百姓恢复安居乐业的生活,我必须先纠正自己的错误。"

此后,伯启严格要求自己,与一般的兵士一同作息,天还未亮,就起来操练,生活变得朴实,并选用有品德和才能的人来商讨军国大事。有扈氏从其他诸侯那里知道了伯启的改变,不但不敢举兵来犯,反而带兵前来归顺了。

这样一个传说故事,后来被不断演绎,成了历史典故。

19 君子求诸己，小人求诸人

"君子求诸己，小人求诸人"，作为一种思想方法，源于孔子对君子"内省""为仁由己"和"躬自厚而薄责于人"等境界修养的基本要求。

感 悟

孔子主张人生一世，应该努力"为己"。但是，这里所说的"为己"，绝不是为了一己之私利；而是反省自己，发展自己，充实自己，也就是"反求诸己"的品德修养问题。

古语云："天行健，君子以自强不息；地势坤，君子以厚德载物。"孔子标出君子作为理想人格的化身，传统文化将人们所具有的一切美德都赋予了君子，教人们做君子莫做小人，使人思考人性与良知的尊严价值，永远谦卑地追求真理。

20　己所不欲，勿施于人

原　文

子贡问曰："有一言而可以终身行之者乎？"子曰："其恕乎！己所不欲①，勿②施于③人。"（《论语·卫灵公》）

注　释

①欲：想做。
②勿：不要。
③施于：施加。于，介词，在。

白话解读

"忠恕之道"可以说是孔子的发明。这句话对后人影响很大。孔子把"忠恕之道"看成是处理人际关系的一条准则，这也是儒家伦理的一个特色。这样，可以消除别人对自己的怨恨，缓和人际关系，安定社会秩序。

子贡，复姓端木，字子贡，春秋末年卫国人。孔子的得意门生，在孔门十哲中以言语闻名，利口巧辞，善于雄辩，有干济之才，曾任鲁国、卫国之相。而且还善经商，富致千金，为孔子弟子中首富。

一部《论语》，关于"恕"的论述有好几处，最经典的就是子贡问道这段了，大概意思是：

子贡问孔子："有没有一个字可以终身奉行的呢？"孔子以商量的口气对他说："如果有这么个字，那大概就是'恕'字吧！自己不愿意的，不要强加给别人。"

"恕"，如心也。他人之心，如己之心，将心比心。即推己及人，推己之心以爱人，用孔子的话说就是："己所不欲，勿施于人。"理解对方又尊重自己，是孔子思想的大智大仁。古今社会的全部不平，人世间的种种丑恶，皆生于"己所不欲，专施于人"。

"己所不欲，勿施于人"首先承认人人都是有私欲的，有自己的爱、自己的憎等个人需求。不能完全否定这些，要以一种客观的态度来接受它。同时也可以作为一个标准来处理自己与他人的关系。所以，作为个人修身处事来说：

第一，"己所不欲，勿施于人"从深层意义上告诉我们，在追求个人物质利益的同时，应首先考虑到集体和社会的利益，应以"仁"的价值观念来要求和约束自己。

第二，"己所不欲，勿施于人"要求我们在为人处世的过程中要做到平等、自尊。在与别人相处的过程中要保持一颗平常心，不论其身份、地位如何，都要平等对待，一视同仁。

实际上，现实生活中多数人的是非憎恶都是比较接近的，一般可以根据自己观念想法，大致推测出别人的好恶。因此自己不愿意做的事情最好也不要勉强别人去做。我们在想做一件事情之前，先要进行换位思考，站在别人的角度设身处地地为别人着想，这样才能避免不必要的误会和伤害。这也是为人处世、维护

人际关系的基本法则。

背景知识

"仁政""仁"是孔子思想的核心与毕生追求,忠恕之道是仁爱思想的重要内容。所以孔子的弟子曾子说过:"夫子之道,忠恕而已也。"在曾子看来,孔子的全部思想用"忠恕"二字就可以加以概括。

"忠"是自己内心中一种对人对事的真诚态度,以及由此态度去诚实地为他人谋事做事的行为。

"恕"是以自己的仁爱之心,去推度别人的心,从而正确地处理人际关系和谅解别人不周或不妥之处。可见,"忠恕之道",就是为了实现"仁政"而对每个人的具体要求。

实际上，在孔子思想中"忠"和"恕"都是"仁"的重要内容，是同一个问题的两个方面：

"忠道"是从积极的方面说，也就是孔子在《论语·雍也》篇里所说的："己欲立而立人，己欲达而达人。"自己想有所作为，也应该尽心尽力地让别人有所作为。也就是人们通常理解的待人忠，尽力为人谋，中人之心，故为忠。"忠"这个字在《论语》中出现过17次，可见孔子十分重视"忠"这个道德规范。

"恕道"比较而言有点消极，也就是"己所不欲，勿施于人"，是孔子"仁"的又一方面的内容。

朱熹解释说："推己之谓恕。""恕道"要求推己及人，如人之心，故为恕。所以"恕道"就是人们常说的推己及人。就是说自己不愿意的事，不要强加给别人。

俗话说"将心比心"，自己想这样，也要想到人家也想这样；自己不想这样，也要想到人家也不想这样。

中国传统文化和价值观念是一个系统，"忠道"之外，还讲"恕道"。"忠道"强调"爱人"，"恕道"强调"宽容"。只有"忠道"与"恕道"相补充，才堪称行为准则。

"忠恕之道"，是儒家文化的精华，是中国传统伦理观的一大特色。孔门弟子以忠恕作为贯通孔子学说的核心内容，是儒家处理人际关系的基本原则之一。

在18世纪的法国启蒙运动时期，思想家伏尔泰十分推崇孔子的"己所不欲，勿施于人"，认为每一个人都应该以它为座右铭。他还针对西方教会中各派势力的倾轧，特别渲染中国的"宽容"精神。因为伏尔泰的推崇，"己所不欲，勿施于人"由罗伯斯庇尔写入法国大革命时期的《法国人权宣言》。

感 悟

儒家的"己所不欲,勿施于人"这个著名的命题,是从人性本善这一人性假设出发的。它要求每一人要用自己的仁心和善心去推度别人的心,以此来处理人与人的感情关系和物质利益关系。在这个命题中,包含着两个对立的概念,即"所欲"与"所恶"。所以,从个人道德修养而论,"宽容"是一种境界。当然,现实生活中,我们的"宽容"应该是有原则的,姑息并不是宽容。

"己所不欲,勿施于人",就是你自己不想做的事,你就不要强迫别人去做。要学会换位思维,多为别人想一想。这在现实生活中,是有相当难度的。但不管有多难,我们还是希望青少年朋友多行恕道,宽以待人;宽以待人,就是宽待自己;恕道随身,前途道路自然无限宽广。

21　饱食终日，无所用心

原　文

子曰："饱食终日①，无所用心，难矣哉！不有博弈②者乎？为之犹贤乎已。"（《论语·阳货》）

注　释

①终日：整天。
②博弈：博，即六博，古代的一种棋局游戏；弈，即围棋。

白话解读

阳货名虎，鲁国大夫季氏家臣，尝囚季桓子而专国政，是当时孔子在政治上非常鄙视的"乱贼臣子"。《论语·阳货》篇共26章，主要介绍了孔子的道德教育思想，对仁的进一步解释，还有关于为父母守丧、君子与小人区别等问题。本篇著名的文句有"性相近也，习相远也""唯上知与下愚不移""唯女子与小人为难养也""君子有勇而无义为乱，小人有勇而无义为盗"等。本章大意是：

孔子说："整天吃得饱饱的，一点也不肯动脑筋，这样的人可真是无聊啊！不是有下棋之类的游戏吗？玩玩这些，也比一点不动脑筋好啊。"

作为琴棋书画之一的棋的历史，在中国可谓是源远流长。孔子的这段话虽然易懂，但是"博弈"指什么？大家的观点不一，有的说"博弈"是一种掷骰（音 tóu）下棋的游戏；有的却认为"博""弈"是指古代两种早期的棋。"博"也叫"六博"，就是后来的象棋；"弈"就是后来的围棋。

孔子认为人生活在社会上，不应该以个人现在物质生活为满足，还应有精神上的更高要求，这就是对社会发展有自己的理想和尽自己的义务。在其教育实践中，总是引导学生立足于现在而面向将来，确定志向，树立人生的目标和理想。经常告诫弟子要向颜回学习，不要贪慕富贵与享受，不要整天无所事事，要用心读书、要努力。孔子说如果一个人整天吃饱了饭，不肯动脑筋去做点事，这种人是很难造就的啊。

后来的孟子说得更为尖刻："人之有道也，饱食，暖衣，逸居而无教，则近于禽兽。"虽然语言的表达方式不同，一个是仁者的叮咛，一个是智者的雄辩，但两人所表达的思想却是一脉相承的，都是要求有所学、有所思、有所为，主张积极进取的人生态度，反对好吃懒做，消极无聊地打发日子。

梁启超在《敬业与乐业》一文中引用"饱食终日，无所用心"时，有一番表达：

孔子说："饱食终日，无所用心，难矣哉！"孔子是一位教育大家，他心目中没有什么人是不可以教诲，唯独对于这两种人摇头叹气说道："难！难！"可见人生一切毛病都有药可医，唯有无业游民，虽大圣人碰着他，也没有办法。

21　饱食终日，无所用心

鲁定公十三年（前 497 年），"堕三都"事件发生后，当时齐国挑选了美女 80 人，身穿华丽服装，跳着《康乐》舞蹈，连同有花纹的马 30 匹，馈赠给鲁国国君。鲁定公、季孙氏接受了女乐后，终日宴乐，君臣迷恋歌舞，多日不上朝听政。"齐人赠女乐"事件令孔子对鲁国君臣非常失望，这是孔子离开鲁国去周游列国最直接的原因。

齐人赠女乐

背景知识

儒家积极的人生态度，不仅有忧国忧民的济世情怀、精神追求，而且注重勤勉品质，反对"饱食终日，无所用心"。

从鲁定公十三年（前 497 年）孔子 55 岁启程去卫，开始周游列国，到鲁哀公十一年（前 484 年）68 岁自卫返回鲁国，14 年间，孔子为了实现"天下有道"的救世愿望，在两千多年前交

通艰难的情况下，带着弟子，历经坎坷，栖栖惶惶，周游列国，但处处碰壁，并没能实现自己"求仕"和实施"仁德政治"的目的。所以司马迁说："孔子明王道，干七十余君，莫能用。"然而仍不放弃自己的理想，其"知其不可而为之"的精神和境界，令人敬仰！

春秋战国时代，中国历史、中国文化史之所以辉煌、绚丽多彩，孔子之精神、儒家之精神、诸子之精神，正是其关键。而此种精神，正是我们民族的不朽精神！

积极进取的人生，是孔子一生的精彩与亮点，此种以经邦救世为核心的人生观可以从四个方面认知：

一是淡化个人、增强群体意识的人文精神。孔子说："仁者爱人。"孔子将"仁"这种美好的个人意识整合为一种优秀的群体观念，当然体现了群体主义的价值观。

二是"修齐治平"与经邦济世的人生追求。儒家所提倡的人生观是一个由"修身""齐家""治国"而"平天下"不断升华的四部曲，"平天下"是人生的终极目标，是人生价值的最大体现。

三是积极进取的奋斗精神。《易经》云："天行健，君子以自强不息。"孔子一生坎坷的曲折追求，正是对"自强不息"的最好诠释。

四是忧国忧民的忧患意识。在孔子心目中："政善则民悦，民悦则归之如流水，亲之如父母。"就是到了晚年鲁哀公问政时，孔子还希望说："政治的当务之急，莫大于让人民富有而长寿。"鲁哀公说："让他们富，也许是我的责任。让他们寿，这好像是上天决定的，我无能为力。"孔子说："省掉劳役，减轻赋税，老百姓就富了。敦促人民奉行礼教，远离犯罪和疾病，老百姓就寿了。"

感 悟

正确的人生观、价值观指引人们走正道,用自己的劳动去创造人生业绩,成为一个有益于社会有益于人民的高尚的人。错误的人生观、价值观将导致人背离人生的正道,走到邪路上去,甚至成为危害社会、危害人民的罪人。

青少年朋友是祖国的未来,今天影响青少年人生价值观形成和发展的因素是多方面的,不仅需要调动社会、学校、家庭等各方面的积极性,共同做好工作,更需要我们每位青少年朋友自觉实践,勇于探索,读书好学,多思好问,革新创造,锻炼敏锐的思维,形成良好的判断能力。

22　处变不惊

原　文

　　将适陈,过匡,颜刻为仆,以其策①指之曰:"昔吾入此,由彼缺②也。"匡人闻之,以为鲁之阳虎,阳虎尝暴③匡人,匡人于是遂止孔子,孔子状类阳虎④,拘焉五日。颜渊后,子曰:"吾以汝为死矣。"颜渊曰:"子在,回何敢死!"匡人拘孔子益急,弟子惧。孔子曰:"文王既没,文不在兹⑤乎?天之将丧斯文也,后死者不得与于斯文也;天之未丧斯⑥文也,匡人如予何⑦!"孔子使从者为宁武子臣于卫,然后得去。(《史记》)

注　释

①仆、策:仆,驾车的人。策,马鞭。颜刻,即颜高,鲁人,孔子弟子,少孔子五十岁,七十二贤之一。
②缺:缺口。这一城墙上的缺口是往昔被阳虎攻破的。
③暴:残害。
④状类阳虎:孔子与阳虎长得很像。
⑤文:指周代的礼乐制度。兹:这里,指孔子自己。
⑥斯:此。
⑦如予何:他们能把我怎么样。

22 处变不惊

白话解读

鲁定公十三年（前497年），55岁的孔子在不得已的情况下离开鲁国，开始了周游列国的旅程。孔子周游列国的旅程的第一站先到卫国。孔子在卫国，卫灵公按照鲁国的俸禄标准发给孔子，待遇不错，但就是不让他参与政事。孔子在卫国住了约10个月，有人在卫灵公面前进谗言，卫灵公对孔子起了疑心，派人公开监视孔子的行动，因此孔子带弟子离开卫国西行前往宋国，打算去陈国。"匡城之围"就发生在此时。本章所记大意是：

孔子前往陈国，到了匡地时，由颜刻驾车，他用鞭子指着说："过去我来这个地方，是从这个缺口进去的。"匡人听说，以

为是鲁国的阳虎。由于阳虎曾经施暴于匡地的百姓,因孔子与阳虎长得很像,于是把孔子包围了五天。颜渊后来才赶到,孔子说:"我以为你死了。"颜渊说:"先生健在,弟子何敢死去!"匡人围困孔子越来越急,弟子们都恐慌起来。孔子说:"周文王已经死去,周代礼乐制度就不在这里存在吗?上天要是想毁灭这种制度,就不会让我们知道这种制度;上天并未要毁灭这种制度,匡人又能把我们怎么样?"孔子派了一个随从向卫国的大夫宁武子称臣,然后才脱离围困。

背景知识

"匡城之围",是孔子周游列国时遭遇的第一次大危难。

古匡城,今在今河南省商丘睢县城西匡城乡一带。据当地老百姓讲,匡人知道被围的是孔子后,深感懊悔,一直赶到开封市杞县境内向孔子赔礼道歉,杞县裴村店原名"赔情店",就是因此而来。为纪念此事,匡人在匡城还修建了一座"抚琴亭",现在已不存。

宋国不仅是孔子的"祖先之国",还是他的夫人亓官氏的家乡。孔子年轻时曾到此学礼。几十年后故地重游,孔子倍感亲切,他本想多留一段时间的,但宋国对这位年近六十、声名显赫的"亲戚",并未表现出什么热情。在这里,孔子非但没有受到礼遇,反而遭遇了危难,差点把命丢了。

到了宋都商丘后,孔子提议到处看看。冉求驾车,一行人出城门走到北郊,看到有不少工匠在凿石,有工匠哭哭啼啼。弟子跑过去打听,回来说:"这些工匠,都是大臣司马桓魋(音 tuí)抓来为自己建造坟墓石椁的人,他们有的已经干了三年,石椁仍未造好,在这儿干活,吃不饱穿不暖,病弱者渐渐死去,病死和被石板压死的有二十余人,大家怨声不绝。"

司马桓魋，因为是宋桓公的后代，很受宋景公宠爱，骄傲奢侈，已丧失世传贤大夫风范。孔子见他如此行事，指责说："魋这样奢侈，不知爱惜民力物力，这样的人真还不如死后早日化为尘土！"据说孔子的话传到司马桓魋的耳朵里，他非常恼怒，就想加害孔子。

　　孔子师徒住处附近有一棵大檀树，他们师徒时常在树下练习礼仪，有一天，司马桓魋派人来清场，驱散听众，砍倒大树，还想加害孔子。

　　弟子们担心司马桓魋下毒手，劝老师早点动身，孔子平静地说："天生德于予，魋其如予何！"就是说，我的道德是上天赋予的，魋又能把我怎么样呢！

　　为安全起见，弟子们催孔子速速离开。为防备司马魋的追击，还给孔子化了装，改变了原定南下陈国的路线。

感　悟

　　孔夫子遇事处变不惊，稳如泰山，还能时时保持内省，坚持以礼教人，以德化人，其深厚的智慧德行与那宽阔仁厚的胸怀，值得我们用心学习。

　　想想我们在生活中，被人误会、遇到人无礼辱骂，难免会不高兴，跟着变了脸色，甚至被激怒，与之较量起来，难以平心静气，更别谈能马上反躬自省，以智慧化解冲突，以德行感化对方了。

　　圣贤智慧，实为我们为人处事的至善良导啊！

23 真实的孔子

原 文

孔子适郑，与弟子相失，孔子独立郭①东门。郑人或谓子贡曰："东门有人，其颡②似尧，其项类皋陶，其肩类子产③，然自要（腰）以下不及禹三寸，累累④若丧家之狗。"子贡以实告孔子。孔子欣然笑曰："形状，末⑤也。而谓似丧家之狗，然哉！然哉！"（《史记》）

注 释

①郭：外城。在城的外围所加筑的城墙。
②颡：音 sǎng，额头。
③皋陶、子产：皋陶，是古代东夷部落少昊氏的首领，生于尧帝之时；子产，郑国贵族，春秋时期政治家、思想家。
④累累：颓丧、疲惫的样子。
⑤末：不重要。一说是不对之意。

白话解读

鲁哀公二年（前493年），孔子一行逃离匡城，在摆脱了凶神恶煞的司马桓魋之后，且行且歌向郑国行进。后来不知道什么原因，队伍走散了。也许这样的事情发生过若干次，孔子把自己给弄丢了。本章所记大意是：

孔子到郑国去，和弟子失散了，孔子一个人站在外城的东门口。郑国有人看见了就对子贡说："东门那里站有一个人，他的额头像尧，脖子像皋陶，肩膀像子产，可是从腰以下比禹短了三寸，一副疲惫倒霉的样子，真像个失去主人家的狗。"子贡见面把这些话据实告诉孔子，孔子笑着说："一个人的状貌如何，那是不重要的；倒是他说我像只失去主人家的狗，那可真是啊！那可真是啊！"

丧家之犬

孔子周游列国，栖栖惶惶，历尽坎坷。从鲁国出发，奔向卫国、宋国、郑国、陈国、齐国、赵国、楚国……宣扬仁义道德，

推广周礼三千,磨破嘴皮子,碰了无数的钉子。

背景故事

孔子一生志在复兴周道,尊崇周礼,应该说这种守旧的观念在当时是行不通的,注定了孔子政治命运之坎坷。

在鲁国,孔子最早参与政事,应该说是在 20 岁左右(鲁昭公十年,即前 532 年),干过"乘田"和"委吏"之类的小官差。要说在鲁国做官,孔子一生只有一次,也是在孔子 50 岁以后了。

孔子 51 岁时终于走上了仕途,先是做了鲁国的中都宰,一年后升任司空(管营建的长官),不久又升任大司寇(管理司法的长官),摄相事,"鲁国大治"。从政 4 年,政绩卓然。尤其是在夹谷之会,孔子表现出色,为鲁国赢得了外交胜利,从而达到他一生中的仕途巅峰。

不过也就在孔子踌躇满志之时,鲁国内部矛盾重重,大夫力量日益强大,直接威胁到国君;大夫之间钩心斗角,互相倾轧。为了加强国君对国家的统治,削弱大夫的势力,孔子提出"堕三都",计划拆毁三桓所建城堡事,孔子与三桓的矛盾也随之暴露。

不久,齐国因为担心鲁国任用孔子变得强大,遂给鲁国国君送来一批美女和良马,想让鲁君耽于声色游乐,荒废政事。鲁君果然中计,不仅无心于朝政,而且对孔子也十分怠慢。无奈之中,孔子只好弃官离鲁,开始了他周游列国的漂泊流浪生活。

孔子为官不求官,肩负着作为政治家的社会责任感,始终恪守着一条道义上的底线。因此,当"僭离于正道"的鲁国君臣沉溺酒色、不理朝政之时,正直的孔子弃高官厚禄如敝屣,毅然离开自己的父母之邦。

从那以后,孔子带着一批学生离开鲁国,开始周游列国,希望找个机会实行他的政治主张。可是,那个时候,大国都忙于争霸的战争，小国都面临着被并吞的危险，整个社会正在发生变革。孔子宣传的一套恢复周朝初年礼乐制度的主张，当然没有人接受。

感 悟

  孔子周游列国是其一生的重大事件。周游列国，孔子与众弟子很狼狈、很落魄，状如丧家之犬，这些《史记》《孔子家语》等很多文献都有记述。后世儒林弟子为了把孔子捧成完美"圣人"，都试图为孔子辩解，说孔子是"丧家狗"不是"流浪狗"。

  孔子是一位真性情、真实的悲情圣人，周游列国 14 年，遭遇了不少坎坷、磨难，碰了许多钉子，形如丧家犬东奔西走，这都是事实！孔子在世的时候，不仅从不讳言自己"吾少也贱"的出身，也敢于正视自己人生的落魄，自认是"丧家狗"，不承认自己是"圣人"。面对困境，伟大的孔子仍然自信满满、处变不惊、俏皮自娱，着实令人们对孔子的胸怀与境界肃然起敬。

  也希望青少年朋友不仅敢于正视自己的真实处境，而且也应该正视自己的优点与不足，直面真实的自我。

24　安守穷困

原　文

在陈绝粮，从者病，莫能兴①。子路愠②见曰："君子亦有穷乎？"子曰："君子固③穷，小人穷斯滥矣④。"（《论语·卫灵公》）

注　释

①兴：起，这里指起身。
②愠：音 yùn，怒，怨恨。
③固：固守安宁、固守穷困。
④穷斯滥矣：斯，就；滥，泛滥，指胡作非为。

白话解读

中国历史上有一个成语典故叫"君子固穷"，就出自孔子周游列国"厄于陈蔡"这一段经历。

在匡地被围困解除后，花甲之年的孔子及弟子一行来到宋。在宋国，孔子对宋景公骄傲奢侈、偏宠司马桓魋很失望。于是孔子与弟子们离开宋国，直下郑国都城新郑。这期间孔子及弟子再次遭到围攻，往返陈蔡多次，因所带粮食不多，沿途人烟稀少，前不靠村，后不靠店，绝粮七日，只好以野菜充饥。经历了那么多的磨难，到现在又陷入绝境，许多学生的信念发生了动摇，只有孔子和颜回还能坚持理想。本章大意是说：

孔子在陈国断了粮，跟随的人都饿病了，不能起身。子路愤愤不平地见孔子说："难道君子也有穷困的时候吗？"孔子说："君子安守穷困，小人穷困便会胡作非为。"

"厄于陈蔡"是孔子一生中最惊险的遭遇，先秦文献多有记载，大致情况是：

孔子在陈、蔡之间遭受困厄，七天不能生火做饭，野菜汤里没有一粒米屑，众弟子脸色疲惫，可是还在屋里不停地弹琴唱歌。颜回在室外择菜，子路和子贡相互谈论："先生两次被赶出鲁国，在卫国遭受污辱，在宋国受到砍掉大树的羞辱，在圣贤之地被逼得走投无路。现如今在陈、蔡之间又陷入如此困厄的境地，图谋杀害先生的人没有被治罪，凌辱先生的人没有被禁阻，可是先生你还不停地弹琴吟唱，不曾中断过乐声，难道君子不懂得羞辱竟达到这样的地步吗？"

当时弟子们对老师的反应、行为多不理解。孔子把大家叫来，对大家说：

君子通于道之谓通，穷于道之谓穷。今丘抱仁义之道以遭乱世之患，其何穷之为？故内省而不穷于道，临难而不失其德。天寒既至，霜雪既降，吾是以知松柏之茂也。陈蔡之隘，于丘其幸乎。

就是说：君子通达于道叫作一以贯通，不能通达于道叫作走投无路。如今我信守仁义之道而遭逢乱世带来的祸患，怎么能说

127

孔子人生

励志故事粹编

弦歌鼓琴

成是走投无路。所以说，善于反省就不会不通达于道，面临危难就不会丧失德行，严寒已经到来，霜雪降临大地，我这才真正看到了松柏仍是那么郁郁葱葱。陈、蔡之间的困厄，对于我来说恐怕还是一件幸事啊！

孔子说完后安详地拿过琴来，随着琴声歌咏，子路兴奋而又勇武地拿着盾牌跳起舞来。子贡说："我真不知道先生是如此高洁，而我等却是那么的浅薄啊！"

孔子一生荣辱不惊、处变不乱，令后来的庄子感叹不已，进而感慨：古时候得道的人，困厄的环境里也能快乐，通达的情况下也能快乐。心境快乐的原因不在于困厄与通达，道德存留于心中，那么困厄与通达都像是寒与暑、风与雨那样有规律地变化。

孔子及弟子们穷于陈蔡，绝粮七日，最后还是子贡找到楚人，楚昭王派兵迎孔子，孔子师徒才免于一死。

背景知识

今天河南省淮阳县，据说就是当年孔子"困厄"之地，县西南南坛湖中有"弦歌台"古迹。文献记载，唐开元年间，这里曾建有孔子庙。明宪宗时重建孔庙并塑孔子和十贤像。明世宗嘉靖年间增拓正殿七间，门二座，题曰"绝粮祠"。到清康熙年间重修殿内塑像、大殿七楹、孔子及十贤像。乾隆、嘉庆、咸丰年间又多次修葺。

弦歌台，位于县城西南隅的南坛湖中，台上现存建筑有二门，正殿七间。正殿是主体建筑，飞檐斗拱，上盖绿色琉璃瓦。周有青石方柱二十四根。

淮阳县"弦歌台"，分三进院落：

进大门第一进院是弦歌碑林。

穿过这进院落向北过戟门是第二进院落，弦歌台的主体建筑大成殿坐落于此。大成殿始建于明代，清康熙五十年（1711年）重修。正门两侧有一副对联：

堂上弦歌七日不能容大道　庭前俎豆千年犹自仰高山

意思是孔子绝粮七日仍弦歌不绝，其道德学问却不被统治者接受，老百姓却把他尊崇得像高山一样，摆上祭品纪念他。

出大成殿再向北行是第三进院落——弦歌书院，它曾是古代著名书院所在。明代称知德书院，康熙时称思鲁书院，乾隆时改称弦歌书院。

感 悟

综观孔老夫子一生，何尝不时时处处都处在"困厄"之中呢？幼年丧父，少年丧母；道德学问高深至极，仕途却终生不顺；周游列国，不被重用……

孔子"在陈绝粮"，固然指的是经济穷困，但我们理解这段文字却不应仅仅局限于经济穷困方面，举凡人生挫折，事业坎坷，人到了穷途末路，都可以理解为"穷"的范围。而凡是到了这些关头，君子都应该具有"固穷"的胸襟和气度，走出困境。而不应该"穷斯滥矣"，胡作非为，铤而走险或投机取巧，甚至屈态变节，苟且偷生。

孔子"厄于陈蔡之间"，仍然谈定自如、弦歌鼓琴，可见，遇事谈定、明白道理的人，才是真正有智慧的人。可如果我们处于如此穷困绝境之中，又会如何面对呢？自古雄才多磨难，圣人尚有断粮饿饭的时候，我们受一点穷困又算得了什么呢？

25　登泰山而小天下

原　文

孟子曰:"孔子登东山而小鲁①,登泰山而小天下,故观于海者难为水,游于圣人之门者难为言。观水有术,必观其澜。日月有明,容光②必照焉。流水之为物也,不盈科③不行;君子之志于道也,不成章不达④。"(《孟子》)

注　释

①鲁:鲁国,姬姓,西周建立,文王封其弟周公旦于曲阜。
②容光:透光的小缝隙。
③盈科:盈,满;科,坎,坑。
④不成章不达:意思是经过日积月累的努力,自然就能由此及彼,通达事理而成章。

白话解读

《孟子》一书是孟子的言论汇编,由孟子及其弟子共同编写而成,是记录了孟子的语言、政治观点及其政治行为的儒家经典著作,属语录体散文集。孟子学说的出发点为性善论,提出"仁

政""王道",主张德治。本章大意是:

孟子说:"孔子登上了东山,觉得鲁国变小了,登上了泰山,觉得天下变小了,所以看过大海的人,就难以被别的水吸引了,在圣人门下学习的人,就难以被别的言论吸引了。观赏水有一定的方法,一定要观赏它的波澜。日月都有光,细小的缝隙必定都照到。流水这东西,不流满洼坑就不再向前流;君子有志于道,不到相当程度就不可能通达。"

其实这里的"东山"不等于"泰山",一般认为"东山"是指今山东平邑县境内的蒙山。蒙山是泰山的分支,主峰龟蒙,山顶形似巨龟卧于云端天际,海拔 1156 米,为山东第二高峰,素称"岱宗之亚"。

25　登泰山而小天下

　　位于山东省泰安市的泰山，有"五岳之首"之称。在古代观念与信仰中，东方主生，泰山主生死交代。因此中国人自古崇拜泰山，后来演化为帝王朝代嬗递的"禅代"之意，故历代帝王在改朝换代，并致太平以后，都要封禅泰山，以示受命于天。
　　泰山在春秋时期是齐鲁两国的交界之地。两国交流来往，朝盟赴告，往返频繁。鲁国是周公封地，设有周朝祖庙，可以用天子礼乐。孔子一生尽管颠沛流离，但大部分时间还是在鲁国度过的。

背景知识

　　泰山，是中国历史上的文化名山。据古文献，封禅的内容，就是在泰山极顶筑土为坛来祭天，以报答天功，叫封；在泰山脚下梁父山祭地，以报地功，称禅。这种隆重庄严的封禅大典有一套神圣而严格的仪式，这对十分重视礼乐制度的孔子有极大的吸引力。
　　《韩诗外传》记："孔子升泰山，观易隆而王可得而数者七十余人。"
　　孔子毕生以周公为榜样，以恢复周朝政治和礼乐制度为己任，封禅大典是必须掌握的重要国礼。孔子一生肯定多次登临泰山，考察上古三代的封禅制度，是其主要目的之一。
　　经过多次实地考察，反复对照，孔子发现历代封禅的具体仪式差异很大，为他掌握封禅礼仪提供了丰富的材料。当时的封禅与祭山活动都要由国君举行。
　　孔子在泰山一带从事政治活动，其中最著名的就是在泰山东侧莱芜境内的"夹谷盟会"（参见本书有关内容）。据说在"夹谷盟会"以前，齐国大夫晏婴是非常瞧不起孔子的，然而在会盟之后，孔子所表现出的政治与外交才能，令晏子心生敬佩。
　　夹谷盟会后的鲁国，权臣当道，所谓"陪臣执国政"，孔子

与三桓的矛盾激化。加之君臣昏庸、沉迷酒色，不理朝政，孔子见鲁君如此荒唐，只得辞职，带领弟子，怀着十分委屈而沉重的心情，离开精心治理且初见成效的鲁国开始了周游列国的旅程。据说在孔子启程离开鲁国时，显得犹犹豫豫，走走停停，几步一回头，以至学生埋怨走得太慢，他只好解释道："我走得这样慢，是因为离别父母之国啊！"

当他们走过鲁国北面不远的龟山，回首故国，龟山挡住了圣人的视线，孔子悲从中来，哀愤之情泉涌而出：

我想眺望鲁国啊，
可龟山遮掩着它，
我无法望到，
我想把龟山搬走，
可手里连把斧柄也没有，
能把龟山怎么样呢？

这就是孔子创作、演唱的《龟山操》，表达了他对祖国的无限眷恋。《龟山操》，算是古代著名的琴曲了。夫子所咏龟山，经后人考证说位于今山东省泰安市新泰境内，因为见于《诗经》与孔子歌咏，也很有名。

此曲喻季氏专权，孔子虽为代理宰相，因政治理想与专权的季桓子不同，逐渐遭到冷落，抒发了想要改变这种局面但手无权柄的无可奈何的心态和情感。

另外，孔子晚年归国，还留下了《丘陵之歌》，咏泰山，感慨人生。

在泰山，与孔子有关的遗迹、建筑还有许多，比如孔子庙、"孔子登临处"牌坊、孔登岩、孔子瞻鲁台、颜回与孔子登临处、（苛政猛于虎）虎山等。

25　登泰山而小天下

作歌龟山

感 悟

　　泰山是中华民族的圣山，孔子是中华民族的圣人。泰山与孔子这"两圣"之间，自古以来关系密切，孔子犹如泰山，巍然屹立于东方；泰山犹如孔子，文化内涵博大精深。

　　孔子登临泰山，俯览天下，感觉天下也小了。"观于海者难为水，游于圣人之门者难为言"，是说立志高远，胸襟开阔，才能提升境界。意在告诫人们：做人或做学问要有远大的理想，站得高才能看得远；也是告诫后人要胸怀大志，眼界决定境界，你们必须高瞻远瞩见多识广才能鹏程万里，别成天盯着自己的一片天，作那鼠目寸光的井底之蛙。

　　孔子出生"贫且贱"，可谓是"起于累土"，最终却能居高临下，有着非凡的气质和自信，其思想境界，超越芸芸众生，故能拥有"一览众山小"的气魄。

26　敬而无失，恭而有礼

原文

司马牛①忧曰："人皆有兄弟，我独亡②。"子夏曰："商闻之矣：死生有命，富贵在天。君子敬而无失③，与人恭而有礼。四海之内，皆兄弟也。君子何患乎④无兄弟也?"（《论语·颜渊》）

注释

①司马牛：姓司马名耕，字子牛，孔子的学生。
②亡：没有。
③无失：不出差错。
④何患乎：何愁于。

白话解读

《论语·颜渊》篇共24章，其中关于"克己复礼为仁"的记述，是孔子关于什么是仁的主要解释。本篇著名的文句有"克己复礼为仁，一日克己复礼，天下归仁焉""非礼勿视，非礼勿听，非礼勿言，非礼勿动""死生有命，富贵在天""四海之内，皆兄弟也"等。本章大意是：

26 敬而无失，恭而有礼

有一次，司马牛忧伤地对师兄子夏说："人家都有兄弟，多快乐呀，唯独我没有。"子夏听了安慰他说："老师不是说过嘛，一个人死与生，要听从命运的安排，富贵则是由天来安排的。君子对工作谨慎认真，不出差错；和人交往态度恭谨而合乎礼节。那么普天之下到处都是兄弟，何必担忧没有兄弟呢？"

司马牛，宋国贵族，孔子的弟子。《史记·仲尼弟子列传》说他名耕，字子牛。司马牛有兄弟五人，宋国的大臣司马桓魋就是他的哥哥。司马桓魋掌权之后，政变谋反还要加害自己的君王。司马牛很难过，他不想跟兄弟同流合污，于是逃亡到了鲁国。

敬而无失

《论语》中,有司马牛问仁、问君子、求兄弟三则,讲述都非常经典。实际上,司马牛是因为哥哥之事而困扰、烦恼,师兄子夏在劝慰他,劝司马牛放下,哥哥的命运,你也操不了心。你个人往后人生如何,还得要靠自己好好经营。怎么经营?跟人相处"敬而无失,恭而有礼"。所谓"敬人者,人恒敬之",以这样的处世态度,结果自然是"四海之内皆兄弟也"。

背景知识

孔子在谈自己的志向时曾经讲过:"老者安之,朋友信之,少者怀之。"可见朋友在孔子心目中的重要地位。

"朋友"为"五伦"(夫妇、父子、兄弟、君臣、朋友)之一,现实生活中,了解孔子的交友之道,特别是孔子关于朋友相处之三原则,非常必要。

1. 第一原则:信任

子曰:"人而无信,不知其可也。"就是说:如果一个人连诚信都没有了,不知道他还有什么事可以做好。人与人相处,莫过于知心,知心之要在一个信字,诚心诚意,开诚胸襟,才能交上真正的朋友。信任是朋友交往的基础。

孔子还说过:"信则人任也。"信任是相互的,要得到别人的信任,首先就要自己讲信用。《论语》中多处讲到这一思想。如"吾日三省吾身:为人谋而不忠乎?与朋友交而不信乎?"就是把忠信作为修养的基本内容,要求每天检查反省自己。

有一次,弟子问孔子如何治国,孔子说要做到三点:"足食""足兵""足信"。如果得不到百姓的信任,什么事都办不成,治国如此,世间大事小情又何尝不是如此呢!

如今社会,现实中人很容易忘却初心,失去诚信。如果我们能时刻谨记孔子的朋友相处之道,那我们的生活必然会多几分和谐与温暖。

2. 第二原则：真诚

良友益友可以给你带来很多帮助，恶友佞友却会给你带来许多麻烦，甚至引你走上邪路。所以，朋友相处，真诚非常重要。

真诚首先是一种品德。孔子告诫弟子：益者三友，"友直，友谅，友多闻"。"友谅"之人，就是"真诚"的人。真诚不虚伪，与这样的朋友交往，不仅内心安稳，而且我们的精神能得到一种净化和升华。

真诚也是一种态度。子曰："朋友切切偲偲（音 cāi）"就是说：朋友之间相处，应该互相督促、互相批评。这就是一种真诚。

子曰："宽则得众。"孔子主张宽以待人，朋友之间更应该如此。一个人待人处事如果过分刻薄，就会使身边的人都离他而去。任何人都有优点和缺点，每个人都有自己的个性。所谓朋友就是既能真诚地欣赏你的优点，又能无条件包容你缺点的人。

3. 第三原则：适度

人与人、朋友之间相处，把握好"度"很重要。

《论语》中有子贡问友一章。子贡问怎样交朋友，子曰："忠告而善道之，不可则止，毋自辱焉。"就是说："忠言相告，好话对导，他不听就算了，不要自取其辱。"

有一次，孔子在与子游讨论待人处事时曾经告诫说："事君数，斯辱焉；朋友数，斯疏矣。"意思是说：服侍君主太殷勤繁琐，反而会招来羞辱；与朋友相交太过密切，反而会有一天疏远。一句话：无论是对待领导还是朋友，都要保持一定的距离。

总之，凡事需要信任、理解，需要珍重，不能强勉、不能强势。这不是在人际关系上要滑头，也不是对朋友不忠，而是交友的艺术，圣人的经验之谈。

子贡问友

感 悟

俗话说:"在家靠父母,出外靠朋友。"朋友在一个人的社会活动中无疑是非常重要的。朋友像一本书,通过他可以打开整个世界。

人都是群居动物,不能脱离社会群体。孔子在《论语》中说:"独学而无友,则孤陋而寡闻。"广交益友,对开阔自己的视野和提升自己的道德有极其重要的作用。《孟子》也云:"行有不得,反求诸己。"我们应该知道:事情做不成功,遇到了挫折和困难,或者人际关系处得不好,就要自我反省,一切从自己身上找原因。

与人交往相处,只要自己的言行"敬而无失,与人恭而有礼",就不必发愁自己没有兄弟、朋友,自然会"四海之内皆兄弟也"。

27 敏而好学，不耻下问

原 文

子贡问曰："孔文子①何以谓之文也?"子曰："敏②而好学，不耻下问，是以谓之文也。"（《论语·公冶长》）

注 释

①孔文子：卫国大夫孔圉（音 yǔ），"文"是谥号，"子"是尊称。
②敏：敏捷、勤勉。

白话解读

孔圉，是卫灵公时期大夫，谥号为文，因此历史上也称孔文子。孔圉勤奋好学，更难得的是他是一个非常谦虚的人。孔圉死后，卫国国君为了让后代的人都能学习和发扬他好学的精神，特别赐给他一个"文公"的称号，后人就尊称他为孔文子。本章大意是：

子贡问道："为什么给孔文子一个'文'的谥号呢?"孔子

说："他聪敏勤勉而好学，不以向他地位卑下的人请教为耻，所以给他谥号叫文。"

不耻下问

当然，历史上的孔文子也做过一些不光彩的事情。

据《左传》记载，鲁哀公十一年（前484年）冬天，卫国太叔疾逃到宋国。当初，太叔疾娶了宋国子朝的女儿，她的妹妹随嫁。后来，子朝因故逃出宋国。孔文子就让太叔疾休了子朝的女儿，然后把自己的女儿孔姞嫁给了太叔疾。但太叔疾却派人把他前妻的妹妹引诱出来，安置在"犁"这个地方，还为给修了一所宫殿，就好像他的第二个妻子。孔文子为此事大为恼怒，派兵攻打太叔疾。

孔文子攻太叔疾，结果疾逃到宋国，孔文子就将女儿嫁给了太叔疾的弟弟遗。

27 敏而好学，不耻下问

作为一个臣子，孔文子攻打国君是以下乱上，还随意地将女儿嫁来嫁去，都是不符合礼的行为。

孔子有个学生叫子贡，也是卫国人。他认为孔圉不像人们所说的那样，称他为"孔文子"，似乎是有点评价过高了。有一次，他就问老师："孔圉的学问及才华虽然很高，但是比他更杰出的人还有很多，凭什么赐给他'文公'的称号呢？"

孔子听了微笑着说："孔圉勤奋好学，头脑聪明灵活，而且如果有任何不懂的事情，他都会大方而谦虚地向别人请教，即使对方的地位或学问不如他，也一点都不因此而感到羞耻。这就是他难得的地方，因此赐给他'文公'的称号是十分恰当的。"子贡听孔子这样一说，猛然省悟。

"不耻下问"，这个成语典故来源于《论语·公冶长》中孔子对孔圉的评价。

中国历史上，孔子被历代封建统治者遵奉为天生的最有学问的"圣人"。然而孔子认为"余非生而知之者"，文献记载说"子入太庙，每事问"，还有七岁小儿难孔子、孔子以渔夫为师等，孔子堪称历史上"不耻下问"的楷模。

背景知识

在古代中国，帝王、诸侯、大臣等具有一定地位的人死去之后，根据他们生平事迹与品德修养，评定褒贬，而给予一个寓含善意评价或带有评判性质的称号，这种相沿成的制度称为谥法，所给予的称号名为谥号（音 shìhào）。

夏商时代的王没有谥号，往往直呼其名。一般认为，中国的谥号制度，是从周朝开始的，即《逸周书·谥法解》中提到的周公制谥。秦始皇一统天下，认为谥号有"子议父、臣议君"之嫌疑，因此把它废除了。西汉建立之后又恢复了谥号。而且这一时

期谥法制度也日趋严密，朝廷中正式设立大鸿胪一职，管理王公列侯的谥法。汉代以后，谥号大多为两个字：汉文帝刘恒谥号全名为孝文帝，萧何谥号为文终侯。

唐宋时期是谥法大发展的时期。谥法一方面成为封建帝王尊大谥以满足其虚荣心的工具，同时也成为驾驭群臣褒贬的手段。武则天时开皇帝追尊四代祖宗的先例，打破了皇帝一两字谥号的旧例。宋代皇帝谥号比唐时更加谥美，而且开后代予大臣谥号二字的先例。

明清时期，谥法内容基本固定下来。首先是各等级人员的谥号字数固定下来。如明代皇帝谥号为17字，亲王1字，大臣2字；清代皇帝21字，硕亲王1字，大臣2字。其次，赐谥权高度集中于皇帝手中，取决于"圣裁"。

谥号一般有帝王之谥（由礼官议定）、臣属之谥（由朝廷赐予）和私谥（门徒弟子或乡里、亲朋议定）。谥号的选定要根据谥法，谥法规定了一些具有固定含义的字，供确定谥号时选择。大致分为下列几类：

上谥，即表扬类的谥号。如："文"表示具有"经纬天地"的才能或"道德博厚""勤学好问"的品德，"康"表示"安乐抚民"，"平"表示"布纲治纪"。

下谥，即批评类的谥号。如："炀"表示"好内远礼"，"厉"表示"暴慢无亲""杀戮无辜"，"荒"表示"好乐怠政""外内从乱"等。

中谥多为同情类的谥号。如："愍"表示"在国遭忧""在国逢难"，"怀"表示"慈仁短折"。

古代皇帝的称呼往往是年号、谥号、庙号联系在一起，构成皇帝制度的重要内容。开元、天宝是唐玄宗的年号，隋文帝、隋炀帝就是谥号，明太祖、明成祖是庙号。最早的皇帝谥号用得多，后来庙号多，明清则往往年号更深入人心。

27 敏而好学，不耻下问

> 感 悟 >>

"敏而好学"，就是勤敏而兴趣浓厚地发愤学习。"不耻下问"，意思为向地位比自己低、学识比自己少的人请教，形容谦虚好学，而不以这样做为可耻。

所谓"三人行，必有我师焉"，不仅是孔子很推崇的学问精神，也是孔子一贯应用的治学方法。"敏而好学，不耻下问"是一种学习状态，一种虚心的态度，取长补短，就是勇于向学有所长的人请教。

世上没有"生而知之"，只有"学而知之"，只有"敏而好学，不耻下问"，这才是人生通往成熟的途径。

28　谦逊，不夸耀

原　文

子曰:"孟之反①不伐②,奔③而殿④,将入门,策其马,曰:'非敢后也,马不进也。'"(《论语·雍也》)

注　释

①孟之反:名侧,鲁国大夫。
②不伐:不夸耀。
③奔:败走。
④殿:殿后,在全军最后作掩护。

白话解读

本章大意是:

孔子说:"孟之反不夸耀自己的功劳。当齐鲁两军打仗,鲁军败退的时候,他留在最后掩护鲁军安全撤退,并打败齐军。当他回师快进入城门时,听到大家都在热烈称赞他的战功,他却谦逊地用箭鞭打着自己骑的马说:'不是我敢走在最后,是我的马

28 谦逊，不夸耀

跑得不够快。'"

山东，历史上的齐鲁大地。整个春秋战国，齐国名气那是响当当的，春秋五霸、战国七雄都有它；而鲁国相对较弱。数百年间，齐鲁战争不断，齐国一直想吞并鲁国，却一直未能如愿。也许是鲁国系周公封地、周天子后裔，"根正苗红"的原因吧。

孔子所云"孟之反不伐"的这场战争，就是历史上著名的艾陵之战。据《左传》等文献记载：

公元前484年，吴国为称霸中原，联合鲁、邾、郯国军队攻打齐国，同时还派舟师自海上攻齐，结果被齐军击败。次年春，齐为报复诸侯攻齐之役，派兵攻鲁，被鲁军击败。五月，吴王夫差闻齐军攻鲁，率吴军会同鲁军以击之。双方在艾陵（山东莱芜东北）展开决战。最终齐国十万大军几乎被全歼，但是吴国军队也损失大半。

艾陵之战

孟之反系艾陵之战时鲁军统帅之一。当时，吴王与鲁季康子会谋，齐军十五万已经攻来，吴王让鲁、齐两军先战以观察齐军实力，鲁军左右师冉求、樊迟（都是孔子的学生）不敌而溃逃，关键时候，孟之反主动殿后，掩护军队撤退，事后又不贪功，非常低调。

背景知识

艾陵之战，"孟之反不伐"，孔子给予了高度评价，认为"谦逊，不夸耀"乃是君子之美德之一。

《易经》为中华文化群经之首，其中有一卦与修身养性关系最密切——"谦"。"谦"卦象征一个人内心知足，外表柔顺，这就是谦虚的态度。

《易经》"谦"卦之大意：不管做人还是做事，只要以谦卑为原则，都会得到好的结果。故《易经》云："劳谦君子有终吉。"什么意思？孔子的解释是：

辛劳而不夸耀，有功而不自满，敦厚达到极致，这是指有功劳仍然对人谦卑的君子，这样的君子最后必然吉祥。

谦卑、谦逊终有善果，历史上正反方面的典型案例很多，比如"张良拒封"的故事，就是"劳谦君子有终吉"的最好诠释。

张良（？—前186），字子房，今安徽亳州人，汉初三杰之一。秦末农民起义，张良率部投奔刘邦，为其重要谋士。楚汉战争期间，提出不立六国后代、重用韩信等策略，鸿门宴上帮助刘邦脱离险境，又主张追击项羽、歼灭楚军等。刘邦对张良的评价是：运筹于帷幄之中，决胜于千里之外。他为刘邦打江山立下汗马功劳。然而后来张良婉拒了刘邦给他"万户侯"的封赏，谦虚地说自己并没什么功劳,只是象征性地要了一个当初与刘邦相遇的小地方留县(今江苏沛县东南),而且后来辞官归隐。张良"拒封"、功成身退的态度是极其明智的,后来韩信被杀,萧何下狱,"汉初三杰"中唯有张良能够善终。

张良拒封

后来太史公司马迁著史至此,颇有感触地评价说:

假令韩信学道谦让,不伐己功,不矜其能,则庶几哉!于汉家勋,可以比周、召、太公之徒,后世血食矣!不务出此,而天下已集,乃谋畔逆,夷灭宗族,不亦宜乎!

意思是说韩信立下的功劳对于汉朝而言,可以和周朝的周公、召公和姜太公媲美,假如韩信能够谦虚一点,不自夸自己的功劳和能力,一定能够造福子孙后代。只可惜韩信没有这样做,

在天下大局已定的时候密谋造反，最终惹来杀身之祸，而且还祸及整个家族，这真是自取灭亡啊。

"劳谦君子有终吉"，当然如果是伪君子，那结果就肯定不一样了。

王莽（前46—23年），字巨君，新朝建立者（新太祖），汉成帝的母亲王政君的弟弟王曼之子。由于父亲早死，王莽的地位自然比不上其他叔伯兄弟。为了早日走上仕途，王莽"折节为恭俭，勤身博学，披服如儒生"，服侍母亲和寡嫂极其周到，"又外交英俊，内事诸父，曲有礼意"。王莽的伯父大将军王凤病了，王莽"亲尝药，乱首垢面，不解衣带连月"。由于王莽谦恭礼让、朝野上下颇有威名，加之系外戚王氏家族的重要成员；因此西汉末年，社会矛盾空前激化，王莽就被视为能挽救危局的不二人选。

然而，后来王莽地位高了，"节操愈谦，散舆马，衣裘振施宾客，家无所余"。公元8年，王莽篡汉建新，史称"王莽改制"，结果全天下的人都被王莽骗了，一直到他登上了权力的顶峰，暴露出篡夺汉家政权的野心时，人们才知道他是个彻头彻尾的伪君子，只可惜为时已晚，西汉王朝还是逃不过被王莽终结的命运。王莽本人也不得善终，不仅被起义军斩首，而且其尸体还被军人"节解脔（音 luán）分"，老百姓"切食其舌"。

感 悟

《尚书·大禹谟》云："满招损，谦受益。"就是说自满招致损失，谦虚得到益处。其实，"孟之反不伐"，谦逊只是原因之一。原因之二还在于他不愿居功。谦逊不夸耀，自古以来，这是中国传统文化的核心价值观念，是中华民族的传统美德。

谦逊也好，不居功也好，都是立身处世的好品德。尤其是在人际关系复杂的环境下，不露锋芒、不居功自傲的确是非常高深的修养。

解读圣贤故事，所谓"见贤思齐"，青少年朋友真的应该思考思考：你认为自己是谦虚的人吗？有没有发现自己什么时候容易自以为是？为什么？

29 存亡祸福,皆己而已

原文

(鲁)哀公问于孔子曰:"夫国家之存亡祸福,信①有天命,非唯人也。"孔子对曰:"存亡祸福,皆己而已,天灾地妖,不能加也。"

公曰:"善!吾子之言,岂有其事乎?"

孔子曰:"昔者,殷王帝辛②之世,有雀生大鸟于城隅焉。占之曰:'凡以小生大,则国家必王而名必昌。'于是帝辛介雀之德③,不修国政,亢暴④无极,朝臣莫救,外寇乃至,殷国以亡,此即以己逆天时,诡福反为祸者也。"(《孔子家语》)

注释

①信:的确。

②殷王帝辛:帝辛,子姓,名受,谥号纣,世称殷纣王、商纣王。

③介雀之德:介,凭借,凭借着麻雀"以小生大"的吉兆。

④亢暴:残暴。

29　存亡祸福，皆己而已

白话解读 >>

鲁哀公十一年（前484年），68岁的孔子被当权的季康子礼聘，落叶归根，孔子回到了阔别14年之久的故乡。孔子虽被鲁人尊为"国老"，政治、经济地位都令人羡慕，但因朝政被"三桓"控制，所以终不能被重用。

不过，鲁哀公与季康子还是常以国事、政事相询，"存亡祸福，皆己而已"就是其中的一个问题。本章大意是说：

鲁哀公向孔子请教说："国家的存亡祸福，确实是天意，不单是由人决定的啊。"

孔子回答说："祸福都决定于自己罢了，天灾地妖对它是不能施加影响的。"

哀公说："好，但您所说的，难道有什么事实根据吗？"

孔子说："过去，在殷纣王的时候，有一只小麻雀在城楼上生了一只大鸟，占卜说：'凡是小的养育大的，则国家必定兴旺，国运一定昌盛。'于是纣王凭借着雀的吉兆，不治理国家政务，残暴到了极点，满朝文武没有一个能阻止，以致敌军来了，殷国就被灭了。这就是因为自己的行为违背了上天的意志，使得本来是奇福反而变成了大祸。"

"三桓"把持鲁国朝政，孔子也无心做官，每天在杏坛弹弹琴，与弟子们整理古代文献。（杏坛：传说孔子聚徒讲学的地方，为孔子万世立教之第一圣地。）

鲁哀公在历史上很有名，倒不是他有多少的功绩留给后人，而是因为大圣人孔子的《春秋》就是在鲁哀公十四（前481年）年"获麟绝笔"的。

153

孔子人生
励志故事粹编

传说当年孔子的母亲颜征在怀孕后祈祷于尼丘山，遇一麒麟而生孔子。公元前481年，据说鲁哀公狩于大野，叔孙氏家臣猎获一兽，鹿身牛尾马蹄，怪而杀之。孔子叹曰："仁兽，麟也，孰为来哉。"孔子使弟子埋，认为是个不祥之兆，感伤之余，还挥笔为麒麟写下了挽歌。由于孔子感麟而忧，加之在此前后爱徒颜回、子路之死，爱子孔鲤的早逝，使他难过极了，且倍受打击，终于在鲁哀公十六年（前479年）与世长辞了。孔子死后，"获麟绝笔"的故事广为流传。

背景知识

鲁哀公，姓姬名将，鲁定公儿子，为春秋诸侯国鲁国的最后一位君主，在位27年。鲁哀公，"哀"这个谥号，既含有同情，也含有批判，正所谓"哀其不幸，怒其不争"（鲁迅语）。

29 存亡祸福，皆己而已

孔子去世，鲁哀公亲自发表诔文（悼念文章）说：

旻天不吊，不慭遗一老，俾屏余一人以在位，茕茕余在疚。呜呼哀哉！尼父，毋自律！

旻，音 min，旻天，上天之意；慭，音 yìn，愿意。鲁哀公悼念文章写得很深情，大意是：老天呀，你真不够慈悲，就不肯留下一位智慧老人，让他帮助我当好国君。现在，我一个人茕茕孤立（茕，音 qióng；茕茕，孤零零的样子），忧苦万分。呜呼哀哉！失去了仲尼先生，我都没效法、学习的对象了。

常理而论，孔子去世让鲁国国君如此哀伤，可以看出鲁国的最高统治者对国学大师的高度尊重。可是，孔子的弟子却很不买账，子贡毫不留情地批评了哀公，指出鲁哀公有两处"失礼"：其一，对孔子"生不能用，死则诔之，非礼也"。其二，鲁哀公自称"余一人"也不合礼法。

实际上，历史演进到了鲁哀公之时，社会转型加剧，即便是礼乐传统最深厚的鲁国，礼乐文化也已经崩坏到了极点。所以孔子才奔走呼号，念念不忘恢复"周礼"，匡正社会风气。

鲁哀公本人生性软弱，不仅没有能奋发图强，励精图治，而且很不靠谱，对"三桓"实力没有遏制，没有听从孔子建议趁"田氏代齐"的弑君事件，出面平息齐国的叛乱，进而失去了重振国威的一次良机。他还公然带头违反礼法，非要将宠妾立为夫人，将妾所生公子立为太子，虽遭众人反对，但仍一意孤行，结果"国人始恶之"。

感 悟

当年鲁哀公问孔子："国家之存亡祸福，信有天命，非唯人

也?"孔子明明白白地对他说:"存亡祸福皆己而已,天灾地妖不能加也。"

人生在世,不要被现实中种种浮云所迷惑,把命运掌握在自己手中,坚持你的人生信念,就会充满希望、获得成功。

古人云:"成事在天,谋事在人。"不经历风雨怎能见彩虹,愿青少年朋友都能把握住生命中的每一分钟,掌握命运,抓住每个机会,争取爬到山顶的最高峰。

30 不学诗，无以言

原 文

陈亢问于伯鱼①曰："子亦有异闻②乎？"对曰："未也。尝独立，鲤趋而过庭。曰：'学诗乎？'对曰：'未也。''不学诗，无以言。'鲤退而学诗。他日，又独立，鲤趋而过庭。曰：'学礼乎？'对曰：'未也。''不学礼，无以立。'鲤退而学礼。闻斯二者。"（《论语·季氏》）

注 释

①陈亢、伯鱼：陈亢，字子禽，孔子弟子；孔鲤字伯鱼，孔子的儿子。
②异闻：这里指不同于对其他学生所讲的内容。

白话解读

关于孔子教育学生的记录很多，但关于孔子教育自己子女的记录则不多，仅在《论语》《孔子家语》等见到少数几条记载，其中除了叮嘱勤学之外，就是强调学诗学礼的重要性，"不学诗，无以言"就是其中的典型。

《论语·季氏》篇共14章,主要涉及孔子及其学生的一些政治活动和与人相处的原则问题。著名的文句有"不患寡而患不均,不患贫而患不安""生而知之""君子有三畏:畏天命,畏大人,畏圣人之言"等。本章大意是:

陈亢问伯鱼:"你在老师那里听到过什么特别的教诲吗?"伯鱼回答说:"没有呀。有一次他独自站在堂上,我快步从庭里走过,他问:'学诗了吗?'我回答说:'没有。'他又问:'不学诗,就不懂得怎么说话。'我回去就学诗。又有一天,他又独自站在堂上,我快步从庭里走过,他又问:'学礼了吗?'我回答说:'没有。'他说:'不学礼就不懂得怎样立身。'我回去就学礼。我就只听到过这两件事。"

诗礼教子

《礼记》云："温柔敦厚，诗教也。"认为诗经使人读来有澄清心灵的功效。所以，孔子把诗教列为"六经"教育之首，《论语》中也记载了许多孔子关于诗教的论述和希望弟子"学诗"的言论。孔子认为，学习诗经可以培养联想力，提高观察力，学习讽刺方法；可以运用其中的道理侍奉父母，服侍君主，从而齐家，治国，平天下。所以，孔子告诫儿子："不学诗，无以言……不学礼，无以立。"谆谆告诫弟子：不学《诗经》，在社会交往中就不会说话；不学礼，在社会上做人做事，就无法立足。

背景知识

子曰："诗三百，一言以蔽之，曰：'思无邪。'"大意是说：

孔子认为："《诗经》三百篇，可以用一句话来概括它，就是'思想纯正'。"

孔子认为诗教作用巨大，是其他文艺形式无可取代的，系君子修身、齐家、治国、平天下所必需。为此，孔夫子亲自编订了中国第一部诗歌总集《诗经》作为"诗教"教材。

《诗经》，先秦时期称《诗》，又称《诗三百》或《三百篇》，它收集了自西周初年至春秋中叶大约五百多年的诗歌作品。《诗经》的思想和艺术价值都很高，对后代诗歌、中国文学的发展有深远的影响，成为我国古典文学现实主义传统的源头。

据说，文献记载西周时代设有采诗官，每年春天，摇着木铎深入民间收集民间歌谣，把能够反映人民欢乐疾苦的作品整理后交给太师（负责音乐之官）谱曲，然后演唱给天子听，作为施政的参考。到春秋时流传下来的诗，据说有三千首之多，后来孔子根据礼仪标准编选了其中305篇，所以有"诗三百"之说。

《诗经》在体例、内容上分为风、雅、颂三部。

"风"就是地方民歌,有十五国风,共160篇。"风"的意思就是声调。它是相对于王畿(音 jī,古代天子直接统治,靠近国都的地方)而言的,是不同地区的地方音乐,多为民间的歌谣。《诗经》中思想和艺术价值最高的是民歌,"饥者歌其食,劳者歌其事",《伐檀》《硕鼠》就是"风"的代表作。

"雅"主要是朝廷乐歌,分大雅和小雅,共105篇。"雅"是"王畿"之乐,这个地区的人称之为"夏","雅"和"夏"古代通用。雅又有"正"的意思,当时把王畿之乐看作是正声——典范的音乐。

"颂"主要是宗庙乐歌,有40首。"颂"是宗庙祭祀的乐歌和史诗,内容多是歌颂祖先的功业的。

《诗经》在文学的表现手法上主要是赋、比、兴。

"赋":反复铺陈,"赋者,敷陈其事而直言之者也",是《诗经》最基本的表现手法。

"比":打比方,"比者,以彼物比此物也"。《诗经》中用比喻的地方很多,手法也富于变化。

"兴":启发,"兴者,先言他物以引起所咏之词也"。它兼有了比喻、象征、烘衬等的手法,往往用于一首诗或一章诗的开头。

感 悟

礼是指周王朝建立的各国诸侯共同遵守的行为标准,有了礼,就为各国建立了一个共同的行政准则。但周王朝地域广大,各国风俗、语言不同,相互之间存在着交流障碍。为解决这一问题,周王朝推广了诗。诗是官府收集的诗歌,每篇都有明确的主旨,人们可以用诗表达自己的思想与情感。

诗使用雅言，和着音乐吟唱，堪称是一种极致的语言艺术。而且《诗经》蕴含着极丰富的历史文化、社会制度、民俗民风知识。"不学诗，无以言""不学礼，无以立"，学诗、习礼的确对人际沟通交流、交往极其重要。

《诗经》不只是文学，简直就是社会与文化。孔子要求孔鲤学诗，目的在于使孔鲤能够成为一个社会人，很好地融入社会。同时，他认为礼是普遍原则，是社会正常运转的前提，人人都要遵守。他要求孔鲤学礼，就是要求孔鲤遵守和尊重社会规则，建立一种完整和独立的社会人格。

主要参考书目

[1] 包启新. 孔子的故事［M］. 上海：百家出版社，1992.

[2] 蔡志忠. 漫画孔子说［M］. 上海：上海三联书店，1990.

[3] 陈雪良，郭泳. 孔子的故事［M］. 上海：上海辞书出版社，2016.

[4] 陈毓秀. 成长励志名人传记故事·孔子［M］. 昆明：云南出版集团晨光出版社，2015.

[5] 何新. 孔子圣迹图［M］. 北京：中国书店，2012.

[6] 孔德平. 孔子传［M］. 北京：国际文化出版公司，2010.

[7] 匡亚明. 孔子评传［M］. 济南：齐鲁书社，1985.

[8] 李健. 故事中国·孔子［M］. 乌鲁木齐：新疆青少年出版社，2016.

[9] 李山. 永不妥协的大生命：孔子的一生［M］. 南昌：江西人民出版社，2013.

[10] 司马迁. 史记［M］. 北京：中华书局，1984.

[11] 王肃. 孔子家语［M］. 上海：上海古籍出版社，1990.

[12] 阎韬. 孔子与儒家［M］. 北京：商务印书馆，2000.

[13] 杨伯峻. 论语译注［M］. 北京：中华书局，2009.

[14] 杨伯峻. 孟子译注［M］. 北京：中华书局，2012.

[15] 杨兆席. 孔子圣迹图［M］. 济南：山东友谊书社，1991.

[16] 赵建华. 真实的孔子［M］. 北京：经济日报出版社，2010.

[17] 左丘明. 左传［M］. 上海：上海古籍出版社，2015.

后　记

　　文化，有时就是一种符号。不过此种符号不只是一种形式，更主要是符号所传达的思想文化内涵，以及影响人们观念与行为的精神暗示。文庙，就是这样一种符号。

　　"德孝文化"系德阳本土历史文化之灵魂，为弘扬中华优秀传统文化，我们需要这种文化符号；为了增进城市文化内涵与氛围，提升青少年文化素养，我们需要这种符号，需要这种对本土人文的认知与精神暗示。

　　为把德阳文庙打造成为西部重要的"中华优秀传统文化教育实践基地"，2016年，德阳市文广新局、德阳市博物馆会同有关专家学者组成编委会，策划编撰《德阳文庙与中华优秀传统文化教育丛书》。2017年1月，中共中央办公厅、国务院办公厅印发了《关于实施中华优秀传统文化传承发展工程的意见》，强调中华优秀传统文化乃是民族的血脉，是人民的精神家园；文化自信是更基本、更深层、更持久的力量。这不仅增强了我们对"丛书"编撰价值的认识，而且极大地鼓舞了我们的编撰热情。

　　本书在编撰过程中，得到了德阳市委宣传部、德阳市文明办、德阳市教育局和四川工程职业技术学院等许多单位的关心支持。中共德阳市委常委、宣传部部长卢也在百忙之中以《春风化雨　德润心灵》为题，为"丛书"题写了序言。2016年10月，中国孔庙保护协会第十九次年会在德阳市举行，中国孔庙保护协会会长、曲阜市文物局局长孔德平先生闻知本书的编撰，不仅非

常肯定，而且还很期待。本书的编撰与出版，也承蒙杨明教授（西南民族大学博导）、李殿元教授（四川省文史研究馆编审）、李绍良先生（临邛书画院）等学界同仁的鼎力相助。对他们的肯定与支持，深表诚挚的谢意！

本书编撰过程中对许多专家学者的研究成果多有参考借鉴，限于编撰体例，没有逐一注明，兹开列"主要参考书目"，在此一并表示感谢！

《孔子人生励志故事粹编》系"丛书"的第一本。由李绍先、王小红编著，总体负责设定书稿框架、体例与特色，统筹、修订书稿。编撰、编绘分工如下：

  故事编撰：李绍先（四川工程职业技术学院教授）
      王小红（德阳市博物馆副馆长）
  插图编绘：吴新星（四川工程职业技术学院讲师）
      余文莉（四川工程职业技术学院讲师）

由于时间仓促、编撰者水平所限，本书讹误与欠完善之处在所难免，恳请各位读者和专家学者指正！

《德阳文庙与中华优秀传统文化教育丛书》编委会
2017年3月于德阳文庙